TEXTES
DU DIGESTE

POUR

LE PREMIER EXAMEN DE LICENCE

TRADUITS ET COMMENTÉS

PAR LORIOL

AVOCAT A LA COUR IMPÉRIALE

PARIS,

DAUVAIN FRÈRES, LIBRAIRES-ÉDITEURS

RUE SOUFFLOT, 26

1856

TEXTES
DU DIGESTE

POUR

LE PREMIER EXAMEN DE LICENCE

TRADUITS ET COMMENTÉS

PAR LORIOL

AVOCAT A LA COUR IMPÉRIALE

PARIS,

DAUVAIN FRÈRES, LIBRAIRES-ÉDITEURS

RUE SOUFFLOT, 26

1856

Paris. — Typographie de Firmin Didot frères, rue Jacob, 56.

Vous avez à présenter à votre premier examen de licence différents textes du Digeste.

En les commentant, j'ai cru vous mettre en garde contre la traduction si défectueuse des œuvres de Pothier, et vous épargner de fastidieuses recherches dans Cujas.

J'ai choisi les textes expliqués par votre savant doyen, de préférence à ceux du cours de M. Giraud, parce que, votre choix étant également libre à cet égard, et ces textes étant moins nombreux, votre besogne sera plus légère.

Cet opuscule comprend : la *Théorie des pacta adjecta ;* — les *contrats innommés ;*—différentes lois qui mettent en lumière les caractères distinctifs des *contrats stricti juris et bonæ fidei,* et des textes sur la dot.

Il paraîtra le samedi 26 janvier 1856, chez Dauvin frères, rue Soufflot, 26, en face du Panthéon.

LORIOL, *Avocat à la Cour impériale,*

rue d'Enfer, 49.

TEXTES
DU DIGESTE

LE PREMIER EXAMEN DE LICENCE,

TRADUITS ET COMMENTÉS.

Lib. XVI. tit. III.

24. Papinianus, lib. ix *Quæstionum.*

Lucius Titius Sempronio salutem : *Centum nummos, quos hac die commendasti mihi, adnumerante servo Sticho actore, esse apud me ut notum haberes, hac epistula, manu mea scripta, tibi notum facio : quæ, quando voles, et ubi voles, confestim tibi numerabo.* Quæritur, propter usurarum incrementum? *Respondi,* depositi actionem locum habere : quid est enim aliud *commendare,* quam deponere? Quod ita verum est, si id actum est, ut corpora nummorum eadem redderentur : nam si, ut tantundem solveretur, convenit, egreditur ea res depositi notissimos terminos. In qua quæstione, si depositi actio non teneat, cum convenit tantundem, non idem reddi, rationem usurarum haberi, non facile dicendum est. Et est quidem constitutum, in bonæ fidei judiciis, quod ad usuras attinet, ut tantundem possit officium arbitri, quantum stipulatio : sed contra bonam fidem et deposit naturam est, usuras ab eo desiderare temporis ante moram, qu beneficium in suscipienda pecunia dedit : si tamen ab initio de usuris præstandis convenit, lex contractus servabitur.

Liv. XVI, tit. III.

Loi 24 *Depositi vel contra.* (*Traduction.*)

Papinien, liv. ix *des Questions.*

Lucius Titius à Sempronius, salut : Je vous fais savoir par cette lettre écrite de ma main que Stichus, votre esclave et votre intendant, m'a compté les cent pièces de monnaie que vous m'avez confiées, et que je vous les rendrai au lieu que vous voudrez et quand il vous plaira. La question est de savoir ce qu'il faut décider quant aux intérêts. J'ai répondu que, dans l'espèce, il y a lieu à l'action de dépôt ; en effet, confier (*commendare*) n'est-ce pas la même chose que déposer ? Cela ne fait aucun doute, si les parties ont entendu que les mêmes pièces de monnaie seraient restituées ; mais si, au contraire, elles sont convenues qu'il suffirait de restituer la même somme, cette clause sort des termes bien connus du dépôt ; et dans ce cas, s'il n'y a pas contrat de dépôt, parce qu'on est convenu de rendre, non pas les mêmes espèces, mais la même somme, on ne peut pas dire que des intérêts seront dus. Mais il est de règle, dans les contrats de bonne foi, qu'en ce qui concerne les intérêts, le juge ait le pouvoir d'arbitrer tout ce qui est dû, comme s'il y avait eu stipulation formelle. Mais il est contraire à la bonne foi et à la nature du dépôt d'exiger des intérêts de celui qui reçoit une somme d'argent, pour obliger, avant qu'il soit en demeure ; cependant s'il a été convenu dès le principe que des intérêts seraient dus, cette clause sera observée comme une loi du contrat.

Liv. XVI, tit. III.

Loi 24 Depositi vel contra. (Commentaire.)

Papinien, liv. IX *des Questions.*

Cette loi ou fragment, tirée des *Questions* de Papinien, c'est-à-dire des décisions rendues par ce savant jurisconsulte sur des espèces controversées, indique parfaitement le caractère des contrats de bonne foi, tels que le dépôt, et celui des contrats de droit strict, tels que le *mutuum.*

Lucius Titius écrit à Sempronius, qui voulait confier à sa garde cent pièces de monnaie, qu'il les a reçues de la main de son esclave Stichus, et qu'il les lui rendra quand il voudra. Telle est l'espèce posée par Papinien, et la question est de savoir si des intérêts seront dus. D'abord, dit Papinien, c'est très-certainement d'un contrat de dépôt qu'il s'agit, c'est par conséquent à l'action *depositi* qu'il y a lieu ; qu'importe, en effet, qu'on ait employé le mot *commendare, commendasti,* qui n'est pas le mot usité, l'expression technique ; en réalité, *commendare* ou *deponere* signifient exactement la même chose. C'est donc bien un contrat de dépôt, contrat *bonæ fidei,* qui s'est formé (M. Ortolan, tome II, p. 130). Cela ne fait pas l'ombre d'un doute (*quod ita verum est*), si les parties ont entendu que les mêmes pièces de monnaie seraient restituées; en sera-t-il encore ainsi, s'il est convenu que le dépositaire restituera, non pas les mêmes pièces, mais une somme égale? Dans ce cas, dit le jurisconsulte, on sort des termes du dépôt; ainsi il n'affirme plus hardiment, comme tout à l'heure (quod ita verum est), que c'est un dépôt. Mais si ce n'est pas un dépôt, que sera-ce donc? Un *mutuum*, contrat réel également, mais *stricti juris*, et non plus *bonæ fidei* (*Instit.*, liv. III, tit. 14, Pr. M. Ortolan, t. II, p. 124.). C'est ici la partie saillante de la loi, car elle met très-bien en relief, au point de vue des intérêts, la différence qui sépare le depôt, contrat de bonne foi, du *mutuum*, contrat de droit strict. En effet, si l'on ne peut voir là un contrat de dépôt, si c'est un *mutuum*, dit Papinien, on ne peut dire que des intérêts seront dus (*non facile dicendum est*, etc.); le préteur n'a point le droit d'exiger des intérêts de l'emprunteur, même s'il est en demeure (M. Ortolan, p. 319, t. II et p. 495 : *In bonæ fidei contractibus ex mora usuræ debentur*), parce que, dans les contrats de droit strict, l'obligation ne s'étend jamais, le juge ne peut condamner à restituer qu'exactement la somme reçue, à moins que des intérêts n'aient été stipulés.

Si donc on devait voir dans ce contrat un *mutuum*, il n'y aurait lieu à aucun payement d'intérêts; mais Papinien y voit un contrat de dépôt; il ne le dit pas formellement, mais sa décision résulte clairement du sens de la loi. Avant ces mots, *et est quidem constitutum*, etc., c'est comme s'il y avait : *rerum dicendum est hunc contractum esse depositum*. (Pothier, t. VI, p. 340, n° 49.) La conséquence naturelle, c'est qu'il faudra suivre les règles propres aux contrats *bonæ fidei*. Or, dans ces contrats, il entre dans l'office du juge de tenir compte des intérêts dus comme s'ils avaient été stipulés; mais ajoute Papinien, ce n'est point à compter du jour du contrat que des intérêts seront dus : non, ce serait inique, car le dépositaire rend un service au déposant; ce ne sera qu'à compter de la *mora*, de la mise en demeure (M. Ortolan, t. II, p. 319.), à moins cependant que les parties ne soient convenues en contractant que des intérêts seraient dus, car alors cette clause fera loi; en effet, nous verrons qu'on peut ajouter à un contrat de bonne foi un pacte, une convention à son gré.

Ainsi nous voyons que, s'il y avait eu *mutuum*, contrat *stricti juris*, le juge n'aurait pas eu le pouvoir d'adjuger des intérêts au prêteur, quand même l'emprunteur aurait été *in mora*, en retard de payer; parce que, dans les contrats du droit strict, tout s'interprète rigoureusement : vous m'avez prêté cent, je vous rendrai cent.

Que, par une convention, les parties n'auraient pu convenir qu'il serait dû des intérêts, attendu que les simples conventions, *nuda pacta*, ajoutées à un contrat de droit strict, ne produisent pas d'action.

1.

Que Papinien, au contraire, voyant dans l'espèce un contrat de dépôt, les intérêts seront dus *ex mora*.

Enfin que, même sans qu'il y ait *mora*, si les parties sont convenues
que des intérêts seraient dus, *lex contractus servabitur*, cette convention fera loi ; mais alors ce sera un contrat de dépôt d'une nature particu-
lière, s'écartant un peu du dépôt pur et simple ; ce sera un dépôt irré-
gulier.

Liv. XVII, tit. I.

34. Africanus, lib. viii *Quæstionum.*

Qui negotia Lucii Titii procurabat, is, cum a debitoribus ejus
pecuniam exegisset, epistolam ad eum emisit, qua significaret,
certam summam ex administratione apud se esse, eamque credi-
tam sibi se debiturum cum usuris semissibus. Quæsitum est, an
ex ea causa, credita pecunia peti possit? Et an usuræ peti possint? Respondit, non esse creditam : alioquin dicendum, ex
omni contractu, nuda pactione, pecuniam creditam fieri posse.
Nec huic simile esse, quod si pecuniam apud te depositam convenerit, ut creditam habeas, credita fiat, quia tunc nummi, qui
mei erant, tui fiunt : item, quod si a debitore meo jussero te accipere pecuniam, credita fiat, id enim benigne receptum est : his
argumentum esse, eum, qui cum mutuam pecuniam dare vellet,
argentum vendendum dedisset, nihilo magis pecuniam creditam
recte petiturum, et tamen pecuniam ex argento redactam, periculo ejus fore, qui accepisset argentum : [et] in proposito igitur
dicendum, actione mandati obligatum fore procuratorem, ut,
quamvis ipsius periculo nummi fuerint, tamen usuras, de quibus
convenerit, præstare debeat. — § 1. Cum heres, ex parte esses,
mandavi tibi, *ut prædium hereditarium mihi emeres certo pretio :*
emisti : pro coheredum quidem partibus non dubie mandati actio
est inter nos : pro tua autem parte posse dubitari ait, utrumne
ex empto, an mandati, agi oporteat : neque enim sine ratione
quem existimaturum, pro hac parte sub conditione contractam
emptionem : quod quidem maxime quæri pertinere ait : ut si
forte prius, quam emptio fieret, decesserim, et tu, cum scires
me decessisse, propter mandatum meum alii vendere nolueris,
an heres meus eo nomine tibi sit obligatus? Et retro, si alii vendideris, an heredi meo tenearis? Nam si quidem sub conditione

emptio facta videtur, potest agi, quemadmodum si quævis alia conditio post mortem extitisset : sin vero perinde mandati agendum sit, ac si alienum fundum emi mandassem, morte insecuta, cum id scieris, resoluto mandato, nullam tibi actionem cum herede meo fore : sed et si mandati agendum esset, eadem præstanda, quæ præstarentur, si ex empto ageretur.

Liv. XVII, tit. I.

Loi 34 Mandati. (Traduction.)

Africain, liv. viii *des Questions.*

Pr. Le *negotiorum gestor* de Lucius Titius, ayant touché de l'argent de ses débiteurs, lui écrit qu'il a entre les mains une somme provenant de son administration, et qu'il la conserve à titre de prêt, à raison de 6 0 0. La question est de savoir si, en vertu de cette lettre, il y a *mutuum* et si des intérêts peuvent être exigés. Non, répond le jurisconsulte, il n'y a pas *mutuum* ; car autrement il faudrait dire qu'on peut, par une simple convention, transformer en *mutuum* tous les contrats. Et il n'y a point d'analogie à établir entre cette espèce et celle où je conviens que vous conserverez, à titre de prêt, la somme que je vous ai donnée en dépôt; en pareil cas il y a *mutuum*, parce que les écus qui étaient miens deviennent tiens. Il n'y a pas non plus d'analogie entre cette espèce et celle où je vous dis de recevoir à titre de *mutuum*, de mon débiteur, l'argent qu'il me doit; en effet, c'est là une exception de faveur : et un argument à l'appui de cette décision, c'est que si quelqu'un, voulant me faire un *mutuum*, me donne de l'argenterie à vendre, il ne peut pas en réclamer le prix à titre de prêt, quoiqu'il soit aux risques de celui qui l'a reçu; de même, il faut décider, dans notre espèce, que le procureur reste tenu de l'action *mandati*, et, quoique les écus soient à ses risques, il devra payer les intérêts qui auront été convenus.

§ 1. Vous êtes héritier pour partie; je vous donne mandat d'acheter le fonds héréditaire pour une somme déterminée; vous l'achetez. Sans aucun doute, en ce qui concerne les parts de vos cohéritiers, c'est l'action de mandat que j'ai contre vous; mais, relativement à votre part, il est permis de douter si c'est par l'action *mandati* ou par l'action *empti* que je puis vous poursuivre. En effet, pour votre portion, on peut penser avec raison que c'est d'un contrat de vente sans condition qu'il s'agit. Cette question a surtout de l'intérêt, dit le jurisconsulte, si je viens à mourir avant que l'acquisition ait eu lieu, et que vous ayez refusé de vendre à un autre, à cause du mandat que je vous avais donné, quoique vous fussiez instruit de ma mort ; car il y a lieu de se demander si, en raison de ces faits, mon héritier est obligé envers vous ; et, à l'inverse, si, vous, vous avez vendu à un autre, serez-vous tenu envers mon héritier ? Si l'on voit, dans l'espèce, une vente conditionnelle, on peut agir de part et d'autre comme si toute autre condition s'était réalisée depuis ma mort. Si, au contraire, on y voit un mandat, vous n'avez aucune action contre mon héritier, pas plus que vous n'en auriez si je vous avais donné mandat d'acheter un fonds, puis qu'à votre connaissance je fusse venu à mourir, car le mandat se trouve résolu. Mais, lors même qu'on décide qu'il y a mandat, on obtiendra les mêmes dommages-intérêts que s'il y avait eu vente pour le tout.

Liv. XVII, tit. I.

Loi 34 Mandati. (Commentaire.)

Africain, liv. viii *des Questions.*

Cette loi, comparée avec la loi 15 *de Rebus creditis*, et la loi 11 au même titre, nous montre que les jurisconsultes romains n'admettaient pas avec la même facilité la formation du contrat de *mutuum ;* que les uns, comme Ulpien, lois 15 et 11 *de Rebus creditis*, se contentaient d'une fiction de tradition ; que les autres, comme Africain, dans notre loi 34 *Mandati,* étaient plus rigoureux.

Pr. Voici l'espèce de notre loi : le procureur, le *negotiorum gestor* de Lucius Titius, lui écrit qu'il a touché une somme d'argent et qu'il la conserve à titre de *mutuum*, de prêt, à raison de 6 p. 100 d'intérêts, c'est-à-dire la moitié (*semissem*) de l'intérêt légal (M. Ortolan, t. II, p. 321). L'intérêt légal était de 12 p. 100 (*centesima usura*, un centième par mois ; par conséquent 12 p. 100 par an) ; la moitié de l'intérêt légal, c'était donc 6 p. 100. Eh bien, le gérant d'affaires de Lucius Titius lui écrit qu'il entend conserver, à titre de prêt, au taux de 6 p. 100, l'argent qu'il a touché. La question est de savoir si cette lettre, suivie, bien entendu, de l'acquiescement du *dominus*, de Lucius Titius, suffira pour former un contrat de *mutuum* entre lui et son gérant d'affaires. Non, dit le jurisconsulte Africain, il n'y a pas argent prêté, il n'y a pas *mutuum,* car autrement on arriverait à dire que, par un simple pacte (nuda pactione), on peut transformer en *mutuum* toute espèce de contrat, ce qui évidemment est contraire aux principes; il n'y a donc pas *mutuum,* c'est le contrat de mandat qui continue à subsister. Pour qu'il y eût *mutuum,* il faudrait que le *negotiorum gestor* fît tradition de ces écus à Lucius Titius, puis que Lucius Titius, à son tour, les lui remît à titre de prêt. Rigoureusement, voilà comment les choses doivent se passer, et Africain ne veut rien rabattre de la rigueur des principes (nous verrons qu'Ulpien, lois 15 et 11, *de Rebus creditis,* est moins sévère). Africain, après avoir décidé ainsi, prévoit les diverses objections qu'on peut lui faire, et il y répond : *Nec huic simile esse, quod si pecuniam ,* etc. Et il ne faut point comparer à notre espèce, dit-il, celle où, vous ayant donné de l'argent en dépôt, nous convenons que vous le conserverez à titre de *mutuum.* En effet, cet argent n'a pas cessé de m'appartenir; de mien, il devient tien; en vous confiant cette somme, je n'ai point cessé d'en être propriétaire, vous n'en êtes que le détenteur ; pour arriver à la propriété, qui est de l'essence du *mutuum,* il ne vous manque qu'un élément, l'*animus domini,* eh bien ! je vous donne cet élément par mon consentement uni au vôtre; au contraire, dans le mandat, je ne suis pas moi mandant, propriétaire de ces écus, il faut, pour que j'en devienne propriétaire, que vous m'en fassiez la tradition, c'est alors seulement que j'aurai qualité pour vous les prêter, pour vous les donner à titre de *mutuum ;* telle est la pensée d'Africain; il poursuit : Il ne faut pas venir non plus m'objecter (*item quod a si debitore meo jussero,* etc.) qu'il y a contrat de *mutuum,* si nous convenons que vous recevrez de mon débiteur, à titre de prêt, ce qu'il me doit, car c'est là une exception toute de faveur qu'on ne doit point étendre. Puis il continue, et arrive à cette idée, directement opposée à celle d'Ulpien (dans la loi 11, *de Rebus creditis,* qu'il y a mandat, et non contrat de *mutuum.* Un argument à l'appui de mon opinion, dit-il, c'est que si, voulant donner des écus en prêt à quelqu'un et n'en ayant pas sous la main, je le charge d'aller vendre de l'argenterie, il n'y aura point, *mutum,* je n'aurai point l'action qui résulte de ce contrat, c'est-à-dire, la *condictio certi* (M. Ortolan, p. 134, t. II) pour me faire rembourser le prix de cette argenterie; il y a contrat de mandat, et non prêt; c'est par l'action *mandati* que je me ferai rendre cet argent; et cependant les écus seront aux risques du mandataire, ajoute Africain, c'est contraire aux règles ordinaires du mandat; en général, le mandataire n'est point tenu des cas fortuits, il n'est tenu que de la faute *in abstracto* (M. Ortolan, t. II, p. 318); mais le mandat est un contrat de bonne foi qu'on peut modifier comme on l'entend, par des *pacta adjecta,* par des conventions; dans l'espèce, il s'agit précisément d'un mandat modifié, il est convenu que le mandataire pourra se servir de l'argent, mais aussi il sera à ses risques. Et quoiqu'il soit à ses risques, dit Africain en terminant, il devra cependant les intérêts dont on sera tombé d'accord, c'est-à-dire, dans notre espèce, six pour cent. (Quoique l'argent soit à ses risques), Africain paraît prévoir une objection ; on pourrait lui dire : mais si l'argent est à ses risques, c'est un *mutuum* et non un mandat, et si c'est un *mutuum*, il ne peut, comme nous l'avons vu (loi 24 *Depositi*), être question d'intérêts, en vertu d'une simple convention. Mais, précisément, il n'y a pas *mutuum*, il n'y a là qu'un contrat de mandat, mandat modifié par la convention des parties, et il sera dû des intérêts de six pour cent ; cette dernière portion de la loi, comme le fragment 24 *Depositi*, fait donc bien ressortir, au point de vue des intérêts, la différence qui existe entre les contrats *bonæ fidei* et les contrats de droit strict.

§ 1. Ce paragraphe (ainsi que les lois 35 et 36 du même titre) indique bien les caractères du mandat et présente quelques espèces curieuses.

Je vous donne mandat d'acheter, pour une somme déterminée, un fonds dont vous êtes héritier pour partie. Ainsi, vous êtes quatre héritiers du fonds B, vous êtes héritier pour un quart ; je vous donne mandat de m'acheter ce fonds, vous l'achetez ; aucune difficulté ne se présente quant aux trois quarts de vos cohéritiers ; il y a bien là un véritable mandat, et ce sont les actions *mandati directa*, *mandati contraria* que nous aurons l'un contre l'autre. Mais, dit Africain, quant à votre portion à vous, quant au quart qui vous revient dans ce fonds, il y a lieu de douter si c'est un mandat ou bien une vente, si c'est l'action *mandati* ou l'action *empti* que nous aurons réciproquement. En effet, la première condition du contrat de mandat, c'est qu'il soit possible ; or, puis-je raisonnablement vous donner mandat de m'acheter ce qui vous appartient ? Non ; tout ce que je puis faire, c'est de vous demander si vous consentez à me le vendre. Pour ce quart donc, il est raisonnable de voir, non pas un contrat de mandat, mais une vente conditionnelle, une vente faite sous la condition que vos cohéritiers vendront (Pothier, note 5, tome VI, page 368) ; car c'est la totalité du fonds que j'entends avoir, et non point seulement votre portion héréditaire. Mais quel est l'intérêt de la question ? Africain l'indique parfaitement : *Quod quidem maxime quæri pertinere ait*, etc... Cela a surtout de l'importance si je viens à mourir avant que l'acquisition du fonds ait eu lieu, et si, malgré la nouvelle de ma mort, en considération de votre mandat, vous avez refusé de vendre à une autre personne votre portion héréditaire. En effet, les choses étant ainsi, aurez-vous une action contre mon héritier ? pourrez-vous lui dire : Je n'ai pas vendu, quoiqu'une occasion favorable se présentât à moi, parce que je suis resté fidèle au mandat contracté avec votre auteur ; indemnisez-moi ? Et, à l'inverse, à la nouvelle de ma mort, sans attendre à savoir si vos cohéritiers consentiraient à vendre leurs trois quarts, sans vous préoccuper désormais du mandat, si vous avez vendu votre portion, votre quart, mon héritier aura-t-il une action contre vous? pourra-t-il vous dire : Je comptais sur ce fonds, je me suis abstenu d'en acheter un qui m'aurait convenu : indemnisez-moi? Eh bien, la réponse dépend précisément de la question de savoir si, dans l'espèce, il y a mandat, ou bien vente conditionnelle. S'il y a vente conditionnelle, sous la condition que les cohéritiers consentiront à vendre leurs parts, la mort n'empêche nullement le contrat d'exister, et peu importe que la condition ne se réalise qu'après le décès, j'ai l'action *ex empto* contre les héritiers du défunt, et ils ont contre moi cette même action. Si, au contraire, il y a mandat, ce contrat est révoqué par le décès du mandant ou du mandataire (*Instit.*, liv. III, t. XXVI, § 10). Le mandataire n'a point d'action contre mes héritiers, ils lui diront : Tant pis pour vous si vous avez exécuté le mandat, il était révoqué par la mort de notre auteur; les actions *mandati directa* et *contraria* disparaissent avec le contrat : l'intérêt de la question est donc évident.

En réalité, dans notre espèce, il y a deux opérations : 1° vente conditionnelle pour le quart dont vous êtes héritier; 2° mandat pour les trois autres quarts. Mais, dit Africain en terminant, si vous voulez voir un mandat pour le tout, afin de ne pas diviser l'opération en deux contrats différents, vous appliquerez les mêmes règles que s'il y avait eu vente pour le tout : ce sera un mandat modifié, qui s'écartera des règles ordinaires, qui ne sera point révoqué par le décès du mandant.

Liv. XVII, tit. I.

Loi 22, § 4, Mandati.

Paulus, lib. XXXII, *ad Edictum.*

§ 4. Julianus scripsit, mandati obligationem consistere etiam in rem ejus, qui mandatum suscipit, ex eo maxime probari : quod si pluribus heredibus vendentibus uni mandavero, ut rem hereditariam emeret, etiam pro ea parte, qua heres sit, obligatur mandati actione, et obligat : et sane, si ille propter hoc extraneo rem non addixerit, quod mandatum susceperat, ex bona fide esse, præstare ei pretium, quanti vendere poterat : et contra, si emptor ad emptionem rei sibi necessariæ idcirco non accesserat, quod heres præcepisset, *se et empturum*, æquissimum esse, mandati judicio præstari, quanti ejus interfuit, emptam rem habere,

Loi 22, § 4, Mandati. (Traduction.)

Liv. xxvii, Paul, *sur l'Édit.*

§ 4. Julien écrit: Le mandat peut avoir pour objet la chose même du mandataire ; et ce qui le prouve clairement, c'est que si, plusieurs cohéritiers voulant vendre un fonds héréditaire, je donne mandat à l'un d'eux de l'acheter, il est obligé envers moi, et je suis obligé envers lui par l'action *mandati*, même pour la portion dont il est cohéritier. Si, à cause de ce mandat, il s'est abstenu de vendre à un tiers, la bonne foi exige que je lui fournisse le prix qu'il aurait pu vendre; et si, à l'inverse, comptant sur l'exécution du mandat (quod heredi præcepisset), je me suis abstenu d'acheter un fonds dont j'avais besoin, il est de toute justice que, par l'action du mandat, j'obtienne l'intérêt que j'avais à acheter ce fonds.

Loi 22, § 4, Mandati. (Commentaire.)

Liv. xxxii, Paul, *sur l'Édit.*

Ce paragraphe de la loi 22 nous présente la même espèce que la loi précédente, et dit très-clairement qu'en pareil cas il y a mandat même pour la portion de l'héritier mandataire; seulement c'est un mandat qui s'écartera des règles ordinaires, qui ne sera point révoqué par la mort du mandant.

———

35. Neratius, lib. v, *Membranarum.*

Si fundum, qui ex parte tuus est, mandavi tibi, *ut emeres mihi:* verum est, mandatum posse ita consistere, ut mihi, cæteris partibus redemptis, etiam tuam partem præstare debeas : sed si quidem certo pretio emendas eas mandaverim, quanticunque aliorum partes redemeris, sic et tua pars coarctabitur, ut non abundet mandati quantitatem, in quam tibi emendum totum mandavi : sin autem, nullo certo pretio constituto, emere tibi

mandaverim, tuque ex diversis pretiis partes cæterorum redemeris, et tuam partem , viri boni arbitratu æstimato pretio, dari
oportet.

Lïv. XVII, tit. I.

Loi 35, Mandati. (Traduction.)

Neratius, *Feuilles*, liv. v.

Si je vous donne mandat de m'acheter un fonds qui vous appartient pour partie, le mandat est possible ; après avoir acheté
les portions qui ne vous appartiennent pas , vous me livrerez la
vôtre ; et si je vous ai donné mandat de m'acheter ce fonds pour
un prix déterminé, quelque somme que vous ayez déboursée
pour les portions de vos copropriétaires, la vôtre sera estimée de
façon que ce prix déterminé par moi ne se trouve pas dépassé.
Si, au contraire, je vous ai donné mandat d'acheter, sans vous
fixer aucun prix, et que vous ayez acheté les portions de vos copropriétaires pour différents prix, vous devez me remettre la vôtre pour l'estimation qu'en fera un homme de bien.

Lib. XVII, tit. I.

Loi 35, Mandati. (Commentaire.)

Neratius, *Feuilles*, liv. v.

Je vous donne mandat de m'acheter un fonds qui vous appartient
pour partie. Nous savons qu'il y a mandat, même pour la portion dont
le mandataire est propriétaire (loi 34, § 1); mais combien dois-je vous
payer cette portion ? Cela dépend. Si je vous ai fixé un prix déterminé ,
par exemple trente mille sesterces, et que vous ayez payé les portions
de vos copropriétaires vingt-cinq mille sesterces, je ne vous dois pour
la vôtre que cinq mille sesterces. Tant pis si vous avez acheté trop
cher, c'est vous qui en souffrirez ; vous avez mal exécuté mon mandat,
je ne vous dois, pour votre portion, que la somme comprise entre le
maximum convenu et le prix total des portions de vos copropriétaires.
Mais si, au contraire, aucun prix n'a été déterminé par le contrat, si
je vous ai dit simplement : Je vous donne mandat de m'acheter ce
fonds; alors je dois acheter votre portion pour la somme fixée par un
homme de bien pris pour arbitre.

Lib. XVII, tit. I.

36. Javolenus, lib. vii, *ex Cassio.*

Ita ut omnes summas, majores et minores coacervet, et ita portionem ei, qui mandatum suscepit, præstet. Quod et plerique probant. — § 1. Simili modo et in illa specie, ubi *certo pretio tibi emere* mandavi, et aliarum partium nomine commode negotium gessisti, et vilius emeris, pro tua parte tantum tibi præstatur, quanti interest tua, dummodo intra id pretium, quod mandato continetur : quid enim fiet, si exiguo pretio hi, cum quibus tibi communis fundus erat, rem abjicere vel necessitate rei familiaris vel alia causa cogerentur? non etiam tu ad idem dispendium deduceris : sed nec lucrum tibi ex hac causa adquirere debes : cum mandatum gratuitum esse debet : neque enim tibi concedendum est, propter hoc venditionem impedire, quod animosiorem ejus rei emptorem esse, quam tibi mandatum est, cognoveris. — § 2. Quod si fundum, qui per partes venit, emendum [tibi] mandassem, sed ita, *ut non aliter mandato tenear, quam si totum fundum emeres*, si totum emere non potueris, in partibus emendis tibi negotium gesseris : sive habueris in eo fundo partem, sive non : et eveniet, ut is, cui tale mandatum datum est, periculo suo interim partes emat, et nisi totum emerit, ingratus eas retineat. Propius est, ut cum hujusmodi incommodis mandatum suscipi possit, præstarique officium et in partibus emendis, perinde atque in toto debet ab eo, qui tale mandatum sua sponte suscepit. — § 3. Quod si mandassem tibi, *ut fundum mihi emeres*, non addito eo, *ut non aliter mandato tenear, quam si totum emeres*, et tu partem, vel quasdam partes ejus emeris, tum habebimus sine dubio invicem mandati actionem, quamvis reliquas partes emere non potuisses.

Liv. XVII, tit. I.

Loi 36 Mandati. (Traduction.)

Liv. vii, Javolenus, extraits de Cassius.

Pr. De telle sorte que les différents prix des portions achetées étant additionnés (mis en bloc, *coacervet*) le mandant paye la portion du mandataire proportionnellement; et c'est l'opinion généralement admise.

§ 1. Et dans l'espèce de tout à l'heure, où je vous ai donné mandat d'acheter un fonds dont vous êtes copropriétaire pour un prix déterminé ; si, en ce qui concerne les portions de vos copropriétaires, vous avez fait un bon marché, si vous les avez eues pour une somme inférieure à celle fixée, je devrai cependant vous payer votre portion le prix que vous aviez intérêt de la vendre, pourvu toutefois qu'il ne dépasse pas celui que je vous avais fixé. Qu'importe, en effet, que vos copropriétaires de ce fonds aient été forcés par une raison de famille, ou par tout autre motif, à s'en défaire à pareil prix ? Évidemment vous n'êtes point obligé de faire le même sacrifice ; mais, d'un autre côté, vous ne devez point profiter de cette circonstance, car le mandat doit être gratuit ; et vous ne devez pas vouloir vendre votre portion plus cher, parce que vous avez appris que je désire vivement le fonds que je vous ai donné mandat d'acheter.

§ 2. Si je vous ai donné mandat d'acheter un fonds qui se vend par parties, mais avec cette clause, que vous n'aurez contre moi l'action de mandat qu'autant que vous aurez réussi à acheter le fonds en totalité ; que si vous ne l'achetez pas en totalité, les portions achetées resteront à votre charge, que vous fussiez ou non copropriétaire de ce fonds ; il résulte de ce contrat que le mandataire achète chaque portion à ses risques et périls et qu'il les garde bon gré mal gré pour son compte, s'il ne réussit pas à acheter la totalité. Un mandat de cette nature est valable malgré ses inconvénients (*propius est*, il est plus près de la vérité de dire qu'un tel mandat est valable, etc.), et celui qui l'a accepté spontanément doit apporter autant de soin dans l'achat de ces différentes portions que s'il s'agissait d'acheter un entier.

§ 3. Mais si je vous donne mandat de m'acheter un fonds sans y ajouter cette clause, que le contrat ne tiendra qu'autant que vous vous procurerez le fonds tout entier : alors, si vous achetez seulement une ou plusieurs parties de ce fonds, sans aucun doute nous avons réciproquement les actions *mandati* l'un contre l'autre, quoique vous n'ayez pu réussir à acheter la totalité.

Liv. XVII, tit. I.

Loi 36 Mandati. (Commentaire.)

Liv. VII, JAVOLENUS, extraits de Cassius.

Pr. Javolenus, dans le *principium* de cette loi, ne fait que compléter la pensée de Nératius dans la loi précédente. Dans cette loi (35, *in fine*), Nératius nous disait : Si je vous donne mandat de m'acheter un fonds dont vous êtes copropriétaire, sans vous fixer aucun maximum, aucun prix déterminé, je devrai vous payer votre portion d'après l'estimation faite par un homme de bien. Javolenus ajoute : (*Ita ut omnes summas, etc.*, de telle sorte que les différents prix des portions achetées étant additionnés, mis en bloc, le mandant paye la portion du mandataire proportionnellement); c'est-à-dire que cet homme de bien, pris pour arbitre, devra faire son estimation de telle façon que le mandant achète la portion du mandataire un prix proportionnel à ceux des autres portions; ainsi, le mandataire est copropriétaire du fonds avec Primus et Secundus; il a acheté la portion de Primus cinquante sesterces, celle de Secundus trente; on additionnera. On obtiendra quatre-vingts, et le prix de la portion du mandataire sera la moyenne, c'est-à-dire quarante sesterces.

§ 1. Ce paragraphe, comme la loi 35, suppose que je vous ai donné mandat de m'acheter, pour une somme déterminée, un fonds dont vous êtes propriétaire; vous avez acheté à vil prix les portions de vos copropriétaires, pourrais-je vous dire : Vous êtes tenu de me céder votre propre portion pour le même prix? Évidemment non; le mandataire doit rester indemne; c'est déjà bien assez qu'il rende un bon office au mandant : si ses copropriétaires, par excès de misère ou pour toute autre raison, ont été contraints de vendre à bas prix, il n'est point obligé de faire le même sacrifice. Mais, d'un autre côté, le mandat est un contrat gratuit (M. Ortolan, tome II, page 285); le mandataire ne doit pas bénéficier : s'il a eu à très-bas prix les portions de ses copropriétaires, tant mieux pour le mandant; ce n'est point une raison pour qu'il reçoive la somme comprise entre le prix total de ces portions et celui qui a été déterminé par le mandat; non, on ne lui payera sa portion que le *quanti interest tua*, que ce qu'elle vaut, et il ne doit point profiter de l'avidité du mandant pour lui vendre plus cher.

§ 2. Nous trouvons dans ce passage l'exemple d'un mandat fort dangereux pour le mandataire. Je vous dis : Voici un fonds qui se vend par parties, achetez-le-moi, je vous donne mandat de me l'acheter; seulement, prenez garde, il appartient à différents propriétaires : pour que vous puissiez l'acheter en totalité, il faut que tous consentent, et cependant je le veux en totalité, ou pas du tout; si vous ne pouvez vous procurer que quelques portions, elles resteront à votre compte. Ce contrat est très-dur, très-dangereux (aussi Pothier dit, tome VI, note 2, page 402 : *Dubitabantur an tale mandatum valeret; abhorrere enim a natura mandati videtur, ut mandatarius qui officium præstat, in damno versetur*). Cependant, malgré sa dureté, Javolenus décide qu'il est valable; tant pis pour le mandataire qui l'accepte (*propius est, etc.* J'incline à dire, il est mieux de dire : *Suscipi possit tale mandatum, etc.*).

§ 3. Mais je vous donne mandat de m'acheter un fonds, sans ajouter que j'exige la totalité ; ce fonds se vend par parties, vous m'en achetez ce que vous pouvez, je dois prendre les portions que vous avez achetées, elles ne restent point à votre charge ; vous avez contre moi l'action *mandati contraria* pour m'obliger à vous les payer.

Liv. XII, tit. I.

15. Ulpianus, lib. xxxi, *ad Edictum.*

Singularia quædam recepta sunt circa pecuniam creditam : nam si tibi debitorem meum jussero dare pecuniam, obligaris mihi, quamvis meos nummos non acceperis. Quod igitur in duabus personis recipitur, hoc et in eadem persona recipiendum est : ut, cum ex causa mandati pecuniam mihi debeas, et convenerit, *ut crediti nomine eam retineas,* videatur mihi data pecunia, et a me ad te profecta.

Liv. XII, tit. I.

Loi 15 de rebus creditis. (Traduction.)

Ulpien, liv. xxxi, *sur l'Édit.*

Des exceptions ont été admises en matière de prêt d'argent. En effet, si je dis à mon débiteur de vous compter l'argent qu'il me doit, vous êtes obligé envers moi, quoique vous n'ayez point reçu mes propres écus. Ce qu'on admet ainsi quand il y a deux personnages, à plus forte raison on doit l'admettre quand il n'y en a qu'un seul. Ainsi, lorsque vous me devez de l'argent à la suite d'un mandat, si nous convenons que vous le conserverez à titre de prêt, je serai censé avoir reçu de vous cette somme, puis vous l'avoir remise.

Liv. XII, tit. I.

Loi 15 de Rebus creditis. (Commentaire.)

Ulpien, liv. xxxi, *sur l'Edit.*

Il est intéressant de rapprocher cette loi du **Pr.** de la loi 34 *Mandati* que nous avons vue; en effet, il résulte de cette comparaison que les deux jurisconsultes Ulpien et Africain n'étaient pas d'accord sur la formation du contrat de *mutuum*. On a admis, dit Ulpien, des exceptions, des choses anormales, en ce qui concerne le prêt d'argent, le *mutuum*. En effet, si j'ordonne à mon débiteur de vous compter l'argent qu'il me doit (et que vous consentiez, bien entendu), le contrat de *mutuum* est formé entre nous; j'ai contre vous la *condictio certi*, quoique vous ne receviez pas ainsi mes propres espèces; car, pour que je fusse redevenu propriétaire de ces écus, il aurait fallu d'abord que mon débiteur me les restituât, m'en fît la tradition; c'est alors qu'en vous les comptant à mon tour, en vous les donnant en *mutuum*, je pourrai dire : *Meos nummos*. Mais Ulpien ne s'arrête pas à ce défaut de double tradition, il dit : Il y aura cependant *mutuum*. Africain, dans la loi 34 *Mandati*, admet également ce résultat; mais c'est là, dit-il, une exception aux principes, une exception en faveur du *mutuum*, qu'il ne faut étendre à aucun autre cas. Le principe est que le prêteur doit faire tradition des espèces à l'emprunteur, il ne faut pas s'en écarter; si donc mon gérant d'affaires, mon mandataire a touché de l'argent pour moi, et que nous convenions qu'il le conservera à titre de *mutuum*, le contrat n'est pas valable, il n'y a pas eu tradition; il faut d'abord qu'il exécute son mandat en me comptant cet argent, je lui en ferai ensuite tradition, et le contrat sera formé; mais Africain exige cette double tradition. Ulpien, au contraire, nous dit : *Quod igitur in duabus personis recipitur, etc.*; ce qu'on admet ainsi quand il y a deux personnages, le débiteur, d'une part, puis le nouvel emprunteur, d'autre part, on doit l'admettre à plus forte raison quand il n'y a qu'un seul personnage. Ainsi, vous êtes mon mandataire, vous avez touché de l'argent pour moi, vous me le devez, nous convenons que vous le conserverez en *mutuum*, le contrat est valable; *utilitatis causa*, il n'exige point cette double tradition du mandataire au mandant, puis du mandant au mandataire; il la suppose faite, il admet une fiction de tradition.

Liv. XII, tit. I.

11. ULPIANUS, lib. XXVI, *ad Edictum.*

Rogasti me, *ut tibi pecuniam crederem*, ego; cum non haberem, lancem tibi dedi, vel massam auri, ut eam venderes, et nummis utereris : si vendideris, puto mutuam pecuniam factam. Quod si lancem, vel massam sine tua culpa perdideris prius,

quam venderes, utrum mihi, an tibi perierit, quæstionis est ?
mihi videtur Nervæ distinctio verissima, existimantis, multum interesse, venalem habui hanc lancem, vel massam, necne : ut, si
venalem habui, mihi perierit; quemadmodum si alii dedissem
vendendam : quod si non fui proposito hoc, ut venderem, sed
hæc causa fuit vendendi, ut tu utereris, tibi eam periisse; et
maxime, si sine usuris credidi.

Liv. XII, tit. 1.

Loi 11 *de Rebus creditis.* **Pr.** (Traduction.)

Ulpien, liv. xxvi, *sur l'Édit.*

Vous m'avez demandé de l'argent à emprunter : n'en ayant
pas, je vous ai donné un plat ou un lingot d'or, afin que vous le
vendiez et que vous puissiez vous servir du prix; si la vente a eu
lieu, je crois que le contrat de *mutuum* s'est formé.

Si ce plat ou ce lingot viennent à périr avant la vente, sans
qu'il y ait faute de la part de celui qui les a reçus, pour qui périssent-ils? Nerva me paraît faire une distinction fort juste en
disant qu'il importe de savoir si celui qui a livré ce lingot ou ce
plat avait l'intention de les vendre : s'il se proposait de les vendre, ils périssent pour lui comme s'il avait chargé de les vendre
toute autre personne; si, au contraire, il ne les a donnés à vendre
qu'afin que le vendeur pût se servir du prix, ils périssent pour
le vendeur, et cela à plus forte raison si des intérêts n'ont pas
été stipulés.

Liv. XII, t. 1.

Loi 11 *de Rebus creditis.* **Pr.** (*Commentaire.*)

Ulpien, liv. xxvi, *sur l'Édit.*

Dans cette loi, comme dans la précédente, Ulpien et Africain se
trouvent en désaccord.

Africain, dans la loi 34 Pr. *Mandati*, présente précisément la même
espèce qu'Ulpien dans cette loi 11. Il dit : En pareil cas, il n'y a pas
mutuum, et il considère si bien cette opinion comme à l'abri de toute
controverse qu'il argumente de cette espèce pour soutenir qu'il n'y a
pas non plus *mutuum* lorsque, dans le cas de mandat, je dis à mon
mandataire : Conservez à titre de prêt les espèces que vous avez reçues

2

de mes débiteurs. Ulpien, au contraire, comme dans le cas de mandat, décide que, si vous avez vendu ce plat ou ce lingot que je vous avais chargé de vendre afin que vous en conserviez le prix à titre de prêt, il y aura *mutuum* : là encore il raisonne comme si la double tradition avait eu lieu, comme si, après avoir vendu ces objets, vous m'en aviez remis le prix, puis que je vous en eusse fait tradition; *brevitatis causa*, et dans l'intérêt des besoins journaliers, il admet le *mutuum*. Il y a donc sur ce point une véritable divergence entre les deux jurisconsultes, et l'opinion d'Ulpien nous semble beaucoup plus pratique, beaucoup plus favorable à la facilité des transactions; mais, au temps d'Africain, antérieur à Ulpien, cette idée n'était point encore généralement admise.

Ulpien, dans notre loi 11, examine la question des risques; il se demande pour qui périront ce plat ou ce lingot, s'ils viennent à être détruits sans la faute de l'emprunteur avant la vente : est-ce moi qui en supporterai la perte, ou, au contraire, est-ce vous, que je charge de les vendre ? Il répond par une distinction de Nerva, à laquelle il donne son approbation. Le jurisconsulte Nerva, dit-il, distingue, si je me proposais ou non de vendre ces objets. Dans le premier cas, ils périssent pour moi; dans le second, ils périssent pour vous, emprunteur; et cela, à plus forte raison si j'entends vous prêter le prix de ce lingot ou de ce plat sans exiger d'intérêt. Africain, loi 34 *Mandati*, se trouve ici d'accord avec Ulpien; il met la perte de la chose aux risques de l'emprunteur, mais il ne parle pas de cette distinction que fait Nerva, et cependant elle est très-équitable : car, si je vous charge de vendre ces objets uniquement pour vous obliger, ce qui est surtout évident lorsque je ne stipule point d'intérêts, il est juste que je ne supporte pas la perte qui peut survenir; si, au contraire, j'avais l'intention de vendre ces objets lors même que vous ne m'auriez pas demandé d'argent à emprunter, il est équitable que j'en supporte la perte survenue par cas fortuit.

Liv. II, tit. XIV.

7. Ulpianus, lib. iv, *ad Edictum.*

Juris gentium conventiones quædam actiones pariunt, quædam exceptiones. — § 1. Quæ pariunt actiones, in suo nomine non stant, sed transeunt in proprium nomen contractus : ut emptio, venditio, locatio, conductio, societas, commodatum, dépositum, et cæteri similes contractus. — § 2. Sed et si in alium contractum res non transeat, subsit tamen causa : eleganter Aristo Celso respondit, esse obligationem : utputa, dedi tibi rem *ut mihi aliam*

dares, dedi *ut aliquid facias*, hoc συνάλλαγμα; id est, *contractum*
esse, et hinc nasci civilem obligationem. Et ideo puto, recte Ju-
lianum a Mauriciano reprehensum in hoc : Dedi tibi Stichum,
ut Pamphilum manumittas, manumisisti : evictus est Stichus :
Julianus [scribit] in factum actionem a praetore dandam : ille ait,
civilem incerti actionem, id est, praescriptis verbis, sufficere :
esse enim contractum, quod Aristo συνάλλαγμα dicit, unde haec
nascitur actio. — § 3. Si ob maleficium, *ne fiat*, promissum sit,
nulla est obligatio ex hac conventione. — § 4. Sed cum nulla
subest causa propter conventionem, hic constat non posse constitui obligationem. Igitur nuda pactio obligationem non parit,
sed parit exceptionem. — § 5. Quinimo, interdum format ipsam
actionem, ut in bonae fidei judiciis : solemus enim dicere, *pacta
conventa inesse bonæ fidei judiciis*. Sed hoc sic accipiendum est :
ut siquidem ex continenti pacta subsecuta sunt, etiam ex parte
actoris insint, ex intervallo, non inerunt : nec valebunt, si agat :
ne ex pacto actio nascatur. Utputa, post divortium convenit, *ne
tempore statuto dilationis dos reddatur, sed statim :* hoc non
valebit, ne ex pacto actio nascatur. Idem Marcellus scribit : et
si in tutelae actione convenit, *ut majores, quam statutæ sunt,
usuræ præstentur*, locum non habebit; ne ex pacto nascatur
actio : ea enim pacta insunt, quae legem contractui dant, id est,
quae in ingressu contractus facta sunt. Idem responsum scio a
Papiniano, [et] si post emptionem ex intervallo aliquid extra naturam contractus conveniat : ob hanc causam agi ex empto non
posse : propter eandem regulam, *ne ex pacto actio nascatur :*
quod et in omnibus bonae fidei judiciis erit dicendum. Sed ex
parte rei locum habebit pactum : quia solent et ea pacta, quae
postea interponuntur, parere exceptiones. — § 6. Adeo autem
bonae fidei judiciis exceptiones postea factae, quae ex eodem sunt
contractu, insunt, ut constet, in emptione, caeterisque bonae fidei
judiciis, se nondum secuta posse abiri ab emptione. Si igitur in
totum potest, cur non et pars ejus pactione mutari potest?
Et haec ita Pomponius libro sexto ad edictum scribit. Quod cum
est, [etiam] ex parte agentis pactio locum habet, ut et ad actionem proficiat, nondum re secuta, eadem ratione : nam si potest
tota res tolli, cur non et reformari : ut quodammodo quasi re-
novatus contractus videatur? quod non insubtiliter dici potest.
Unde illud aeque non reprobo, quod Pomponius libris lectionum

2.

probat : posse in parte recedi pacto ab emptione : quasi repetita partis emptione. Sed cum duo heredes emptori exstiterunt, venditor cum altero pactus est, ut ab emptione recederetur : ait Julianus valere pactionem ; et dissolvi pro parte emptionem, quoniam et ex alio contractu paciscendo alter ex heredibus adquirere sibi potuit exceptionem. Utrumque itaque recte placet, et quod Julianus, et quod Pomponius.

Liv. II, tit. XIV.

Loi 7 *de Pactis*. (*Traduction.*)

Ulpien, liv. iv, *sur l'Édit.*

Pr. Parmi les conventions de droit des gens, les unes engendrent des actions, les autres des exceptions.

§ 1. Celles qui engendrent des actions ne conservent pas le nom de conventions ; elles prennent celui de contrats, comme : la vente, le louage, la société, le commodat, le dépôt, et d'autres semblables.

§ 2. Mais, quoique la convention ne devienne point un contrat, si elle en contient l'élément, la cause, c'est avec raison qu'Ariston répond à Celse qu'il y a là une obligation. Par exemple, je vous ai donné une chose pour que vous m'en donniez une de votre côté, ou je vous ai donné une chose pour que vous exécutiez un fait. Il y a là, dit-il, συνάλλαγμα, c'est-à-dire un contrat, et il en naît une obligation civile. Je crois donc que Mauricien critique avec raison le jurisconsulte Julien sur le point suivant : Je vous ai donné Stichus pour que vous affranchissiez Pamphile, vous l'affranchissez, et vous êtes évincé de Stichus ; Julien écrit que le préteur devra donner une action *in factum :* Mauricien, au contraire, dit que l'action civile *incerti*, c'est-à-dire l'action *præscriptis verbis,* doit suffire, car il y a là ce qu'Ariston appelle συνάλλαγμα, c'est-à-dire un contrat qui engendre une action.

§ 3. Si vous vous faites promettre une récompense pour ne pas commettre un délit, aucune obligation ne résulte de cette convention.

§ 4. Lorsque aucune cause, aucun fait n'accompagnent la convention, il est constant qu'il n'y a point d'obligation formée ;

ainsi donc un pacte nu engendre bien une exception, mais il ne produit point d'action.

§ 5. Quelquefois même le pacte produit une action, c'est ce qui a lieu dans les contrats de bonne foi ; en effet, nous avons coutume de dire que les pactes font corps avec les contrats *bonæ fidei*, et cela doit s'entendre ainsi : que, si des pactes ont suivi immédiatement le contrat, ils en font partie, même du chef du demandeur ; que si, au contraire, ils ont lieu après coup, ils n'en font point partie et ne donnent point le droit d'agir, car un simple pacte ne produit point d'action. Exemple : le mari convient après le divorce qu'il restituera la dot immédiatement, et non dans les délais fixés. Cette convention est sans force, car un pacte ne produit point d'action.

Marcellus écrit également que si, pendant un procès de tutelle, on convient de payer des intérêts au delà du taux qui avait été fixé, cette convention sera nulle, parce qu'une action ne peut naître d'un pacte. En effet, sont seuls partie intégrante d'un contrat les pactes qui en font loi, c'est-à-dire qui ont été faits en même temps que le contrat lui-même. Papinien pense également que si, après le contrat de vente, une convention qui n'atteint pas l'essence du contrat vient s'y ajouter, on ne pourra en poursuivre l'exécution par l'action *empti*, en vertu de la même règle qu'un pacte n'engendre pas d'action, et il faut dire la même chose de tous les contrats de bonne foi. Mais le pacte produira son effet en ce qui concerne le défendeur (et non pas, comme le dit le traducteur de Pothier, t. II, p. 638, ce pacte produira en partie son effet), car les pactes faits même après coup produisent des exceptions.

§ 6. Il est si vrai que les pactes faits après coup et ajoutés aux contrats *bonæ fidei*, portant sur l'essence même du contrat, se fondent avec eux, que, sans aucun doute, dans la vente ou les autres contrats de bonne foi, si les choses sont encore entières, on peut au moyen d'un pacte résoudre le contrat. Or, si un pacte peut ainsi résoudre entièrement le contrat, comment ne pourrait-il pas le modifier partiellement? C'est ainsi que s'exprime Pomponius au livre vi, sur l'édit. D'après ce raisonnement, le pacte fournira une action au demandeur, si le contrat n'est pas encore exécuté ; et, en effet, si ce contrat peut être supprimé entièrement, pourquoi ne pourrait-il pas être réformé et en quelque sorte renouvelé? Il me semble qu'on peut soutenir cela avec raison. Aussi j'approuve Pomponius lorsqu'il dit, dans ses livres de leçons, qu'on peut, par un pacte, se retirer pour partie du contrat de vente, comme si une nouvelle vente avait lieu pour l'autre partie. Ainsi, un acheteur meurt laissant deux héritiers : l'un d'eux convient avec le vendeur qu'il se retirera du contrat ; Julien dit que le pacte est valable et que la vente est résolue pour partie, de même que, si cet héritier était débiteur en vertu de tout autre contrat, il pourrait par un pacte acquérir une exception ; et j'approuve également l'opinion de Julien et celle de Pomponius.

Liv. II, tit. XIV.

Loi 7 de Pactis. (Commentaire.)

ULPIEN, liv. IV, *sur l'Édit.*

Le droit civil admet au rang de contrats produisant obligation sanctionnée par une action quatre conventions : la vente, le louage, la société, le mandat. (*Institutes*, liv. III, t. XXII.)

Le droit prétorien, de son côté, supplée au droit civil en protégeant certaines conventions, certains pactes au moyen d'une action, notamment le pacte de constitut. (M. Ortolan, t. II, p. 304.)

Enfin le droit impérial, les constitutions des empereurs, rendent aussi obligatoires certains pactes et les munissent d'une action ; ainsi la donation, le pacte de constitution de dot. (M. Ortolan, t. II, p. 307.)

Mais toutes les autres conventions, tous les autres pactes, quel effet produiront-ils ? (M. Ortolan, t. II, p. 297.) La loi 7 *de Pactis* d'Ulpien est un des principaux documents sur cette matière.

Pr. § 1. Parmi les conventions du droit des gens, c'est-à-dire qui se rencontrent chez tous les peuples, les unes sont obligatoires, reconnues, classées par le droit civil et protégées par une action civile : ainsi la vente, le louage, etc. ; elles prennent le nom de *contrats* et produisent une action. Pour ces conventions, pour ces pactes, qui entrent ainsi dans le domaine du droit civil, pas de difficulté : telle est la pensée d'Ulpien.

§ 2. Et même, quoiqu'il s'agisse d'une convention, d'un pacte ne constituant point à lui seul un contrat, s'il y a un élément, une cause d'obligation (*si subsit tamen causa*), si l'une des parties a exécuté la convention, alors Ulpien approuve l'opinion d'Ariston, et pense, comme lui, que l'autre partie, celle qui n'a pas encore exécuté, se trouve liée, obligée et exposée à une action civile. C'est avec raison, dit Ulpien, (*eleganter*, conformément au droit, avec raison), qu'Ariston répond à Celse qu'en pareil cas il voit ce que les Grecs appelaient συνάλλαγμα, c'est-à-dire une obligation. Ainsi donc, suivant Ariston et Ulpien, même s'il s'agit d'un simple pacte, d'une simple convention non reconnue par le droit civil, si l'une des parties a exécuté, dès lors il y a *res,* il y a *causa obligationis,* un élément d'obligation, et par conséquent action, comme nous le verrons à la loi 5 *Præscriptis verbis.* Exemple : Je vous ai donné une chose pour que, de votre côté, vous m'en donniez une autre, ou pour que vous exécutiez un fait. Dès lors, ajoute Ulpien, puisqu'en pareil cas il existe une obligation et une action civile, je crois que Julien se trompe lorsqu'il parle d'une action prétorienne, et Mauricien a raison de dire que l'action civile *præscriptis verbis* suffit. Ainsi je vous ai donné Stichus, à condition que vous affranchirez Pamphile; ce Stichus ne m'appartenait pas, son véritable maître vous évince, il revendique contre vous et triomphe dans cette lutte judiciaire : vous êtes ainsi dépouillé de l'esclave Stichus, après avoir affranchi Pamphile ; dès lors il y a *causa obligationis,* vous avez exécuté la convention, et moi, au contraire, par suite de cette éviction, je me trouve avoir manqué à mon engagement. Julien dit que le préteur devra vous donner contre moi une action *in factum* (M. Ortolan, t. II, p. 485), mais Mauricien, au contraire, blâme cette opinion; il dit : Puisqu'il y a συνάλλαγμα, obligation, il y a lieu à l'action civile *præscriptis verbis;* donc il est inutile que le préteur donne une action *in factum,* et Ulpien approuve Mauricien.

§ 3. Les conventions contraires aux bonnes mœurs étaient prohibées à Rome comme chez nous (art. 1133, c. N.). Si je me fais promettre une récompense pour ne pas commettre un délit, il est clair que cela est contraire aux bonnes mœurs, que je ne dois point avoir besoin de ce stimulant pour m'abstenir de délits, et qu'une pareille convention ne peut produire aucun effet.

§ 4. Nous venons de voir que, s'il s'agit d'un de ces pactes, d'une de ces conventions que le droit civil romain n'a point rangés au nombre des contrats, l'exécution d'une des parties fait naître, constitue une *causa obligationis :* à compter de ce moment, il y a obligation pour l'autre d'exécuter; il y a contre elle l'action *prescriptis verbis,* mais le § 4 nous dit qu'à défaut de cette *causa obligationis,* de cette exécution, la simple convention, la *nuda partio* n'engendre ni obligation ni action, elle n'engendre qu'une exception, c'est-à-dire que le demandeur peut poursuivre l'exécution de cette convention; mais le défendeur, s'il est poursuivi pour l'exécution du contrat principal, contrat *bonæ fidei,* pourra opposer ce pacte, cette conventon, et le juge en tiendra compte conformément à l'équité (M. Ortolan, t. II, p. 298).

§ 5. Le § 5 ajoute que cette règle qu'il vient de poser, savoir, que les *nuda pacta* ne produisent point d'action, mais seulement une exception, se trouve modifiée si le pacte a eu lieu *in continenti*, c'est-à-dire sans intervalle, s'il est venu s'ajouter immédiatement au contrat principal, contrat *bonæ fidei* (*pacta conventa;* — c'est une redondance : — *pacisci, paciscor* et *convenio* ont exactement le même sens; il ne faut donc pas traduire *pactes convenus*, mais simplement *pactes*).

En effet, dit Ulpien, les pactes ajoutés aux contrats de bonne foi font corps avec eux (*inesse*) ; ainsi les pactes isolés, les conventions faites en dehors de tout contrat, ne produisent aucune action ; mais ces conventions ajoutées à des contrats de bonne foi, *in continenti*, et non *ex intervallo*, après coup, produisent non-seulement une exception, mais encore une action (*etiam ex parte a tonis insint*, elles s'incorporeront au contrat au point de valoir *ex parte actoris*, de fournir une action au demandeur pour poursuivre l'exécution de ce pacte adjoint au contrat) ; mais, faites *ex intervallo*, elles ne produisent point d'action, et le jurisconsulte nous donne des exemples : ainsi un mari, après avoir divorcé, convient avec sa femme qu'il rendra la dot immédiatement, au lieu de jouir des délais fixés : ce *pactum adjectum* au contrat ne produira point d'action, la femme n'a point d'action pour en poursuivre l'exécution ; car il s'est adjoint au contrat *ex intervallo*, après coup, il aurait fallu le faire au moment de la constitution de dot. Marcellus, cité par Ulpien, donne un autre exemple : dans l'action de tutelle, pendant l'instance, le tuteur convient qu'il payera des intérêts supérieurs à ceux fixés : *non nascatur actio*, pas d'action, car ce pacte est encore fait *ex intervallo*, l'ex-pupille n'a point d'action pour en poursuivre l'exécution, il fallait faire cette convention au commencement du quasi-contrat de tutelle ; car il n'y a à faire partie du contrat que ceux qui se font *in continenti*, que ceux *qui in ingressu contractus facta sunt*, c'est-à-dire, qui entrent en quelque sorte dans le tissu, dans la contexture du contrat ; et Ulpien s'appuie sur la doctrine de Papinien, que nous retrouverons à la loi 72 *de Contrah. emptione*. Papinien pense également que si, *ex intervallo*, après coup, les parties ajoutent au contrat de vente une convention qui ne porte pas sur l'essence même du contrat, on ne pourra en poursuivre l'exécution par l'action du contrat, par l'action *ex empto*. Ainsi nous convenons au moment du contrat, *in continenti*, que vous me donnerez une caution; j'ai l'action *ex empto* pour exiger cette caution ; mais nous faisons ce pacte *ex intervallo*, quinze jours après le contrat de vente ; je ne puis, moi vendeur, exiger ce fidéjusseur par l'action *ex empto :* le pacte a été fait isolément, il ne s'est point fondu dans le contrat, et il n'est point protégé par l'action du contrat ; seulement *ex parte rei locum habebit pactum*, ce pacte fournira une exception au *reus*, au défendeur ; si donc l'acheteur poursuit le vendeur pour qu'il lui livre l'objet vendu, celui-ci le repoussera par une exception tirée du pacte ;

il lui dira : Fournissez-moi la caution promise; je ne vous crois pas très-solvable, donnez-moi un fidéjusseur.

§ 6. Ici Ulpien passe au cas où les pactes sont relatifs, non plus aux accessoires du contrat, mais à son essence, à sa substance même ; ainsi, dans la vente, le prix, la chose vendue, voilà des éléments essentiels (Pothier, t. II, p. 638). *Exceptiones*, ce mot est employé comme synonyme de *pacta adjecta*, de même que souvent on rencontre dans les textes le mot *action* employé comme synonyme d'*obligation* (Pothier, t. II, p. 638, note 5) ; c'est comme s'il y avait *les pactes*. Les pactes ajoutés, même après coup, à un contrat de bonne foi, qui touchent, qui sont relatifs au contrat lui-même, en font tellement partie que si les choses sont encore entières, c'est-à-dire si aucune des parties n'a exécuté ce contrat, on peut par un pacte y renoncer ; alors, continue Ulpien, si l'on peut ainsi résoudre un contrat par un pacte, évidemment on doit pouvoir par un pacte le modifier. On le peut, et j'approuve l'opinion de Pomponius, qui nous dit que, les choses étant entières, on peut renoncer pour partie par un pacte au contrat de vente ; ainsi un acheteur laisse deux héritiers, le vendeur convient avec l'un d'eux qu'il résilie l'achat : ce pacte produit son effet ; le vendeur ne peut plus agir contre cet héritier, il ne conserve son action *ex empto* pour le payement du prix que contre l'autre héritier : telle est l'opinion de Julien et de Pomponius, approuvée par Ulpien. C'est aussi ce que nous dit la loi 58 au même titre *de Pactis*, liv, II, t. XIV. Il n'est pas douteux, dit Nératius dans ce texte, que si les choses sont entières, les parties contractantes peuvent d'un commun accord abandonner le contrat de vente, de louage et autres semblables, etc. Ariston va même plus loin : si, après t'avoir livré la chose vendue, nous convenons qu'au lieu de m'en payer le prix tu me le rendras, il décide, quoique les choses ne fussent point entières, puisque, moi vendeur, j'avais déjà exécuté mon obligation, que ce pacte produira son effet, et que le contrat sera ainsi résolu.

———

Liv. XVIII, tit. I.

72. Papinianus, lib. x *Quæstionum*.

Pacta conventa, quæ postea facta detrahunt aliquid emptioni, contineri contractu videntur : quæ vero adjiciunt, credimus [hoc] non inesse. Quod locum habet in his, quæ adminicula sunt emptionis, veluti *ne cautio duplæ præstetur :* aut, *ut cum fide jussore cautio duplæ præstetur :* sed quo casu agente emptore non valet pactum, idem vires habebit jure exceptionis, agente venditore. An idem dici possit, aucto postea vel diminuto pretio, non immerito quæsitum est : quoniam emptionis substantia constitit ex pretio. Paulus notat, si omnibus integris manentibus, de augendo vel diminuendo pretio rursum convenit, recessum a priore contractu, et nova emptio intercessisse videtur.

Liv. XVIII, tit. I.

Loi 72 de Contrahenda emptione. (Traduction.)

Papinien, liv. x *des Questions.*

Les pactes qui, après coup, viennent retrancher quelque chose au contrat de vente, font corps avec lui ; mais si, au contraire, ils l'augmentent, ils lui restent étrangers. Cela ne s'applique qu'aux accessoires du contrat de vente : par exemple, que la *cautio duplæ* ne sera pas fournie, ou, au contraire, qu'elle sera fournie et accompagnée d'un fidéjusseur. Dans ce dernier cas, le pacte ne donne point d'action à l'acheteur, mais il produira le même effet en lui donnant une exception pour repousser l'action du vendeur. Faut-il en dire autant s'il s'agit d'un pacte qui vient augmenter ou diminuer le prix de la vente ? Cela peut faire question, car le prix est un élément essentiel du contrat. Paul dit : Les choses étant entières, si on convient d'augmenter ou de diminuer le prix, on est censé avoir abandonné le premier contrat, et en avoir formé un second.

Liv. XVIII, tit. I.

Loi 72 de Contrahenda emptione. (Commentaire.)

Papinien, liv. x *des Questions.*

Dans ce fragment, Papinien dit que les pactes qui s'ajoutent à un contrat *bonæ fidei*, comme la vente, qu'il prend pour exemple, *contineri contractu videntur*, s'incorporent, s'unissent au contrat, et par conséquent produisent une action, pourvu que ces pactes soient relatifs aux *adminicula*, aux accessoires du contrat, et non à sa substance, à ses éléments essentiels ; et ils produisent une action, quoique faits *ex intervallo*, après coup, *postea*. Il semble au premier abord que ce jurisconsulte se trouve en désaccord avec Ulpien, qui nous dit, comme nous venons de le voir loi 7, *de Pactis*, § 5, que les *pacta adjecta ex intervallo* ne produisent qu'une exception et pas d'action ; mais Papinien n'entend parler que des pactes *quæ detrahunt aliquid obligationi,* qui retranchent quelque chose au contrat, qui le diminuent. Ulpien, au contraire, parlait des pactes en général, et notamment sans doute de ceux *quæ adjiciunt aliquid obligationi,* qui augmentent l'obligation ; il n'y a donc pas dissentiment. Papinien nous donne deux exemples : l'un d'un pacte *detrahens,* l'autre d'un pacte *adjiciens.* Ainsi nous sommes convenus après coup que vous ne me donneriez pas la *cautio duplæ* (c'est-à-dire que vous ne me payeriez pas le double du prix, si je venais à être évincé de l'objet vendu ; M. Ortolan, t. II, p. 251) : voilà un pacte *detrahens,* et qui porte sur un *adminiculum* du contrat ; en effet, d'une part, cette promesse du double du prix que l'acheteur se faisait faire pour le cas où il serait évincé n'était qu'un accessoire de la vente, le contrat se conçoit très-bien sans cela, et, d'un autre côté, ce pacte est *detrahens,* il diminue le contrat, parce que cette promesse l'accompagnait toujours, quoiqu'elle ne fût pas de son essence ; ou, au contraire, nous convenons que vous me ferez cette *stipulatio duplæ,* et, de plus, que vous l'accompagnerez d'un fidéjusseur, voilà un pacte *adjiciens,* qui ajoute à la portée habituelle du contrat, car ordinairement le vendeur faisait bien la *stipulatio duplæ,* mais il ne donnait pas de fidéjusseur. Eh bien, ce pacte *adjiciens* ne produira point d'action ; l'acheteur ne pourra point agir *ex empto* contre le vendeur pour se faire donner un fidéjusseur : mais il aura une exception si le vendeur agit contre lui pour se faire payer le prix de l'objet vendu, il le repoussera en lui disant : Donnez-moi le fidéjusseur promis.

Papinien se demande ensuite s'il convient de décider de même s'il s'agit d'un pacte portant, non plus sur des *adminicula,* des accessoires du contrat, mais sur un élément essentiel tel que le prix ; il répond à la question ainsi posée, par la bouche de Paul (*Paulus notat*) : Si les choses sont entières et que les parties contractantes conviennent d'augmenter ou de diminuer le prix, elles sont censées avoir abandonné le premier contrat et en avoir formé un second ; c'est ce que nous avons vu également au § 6, loi 7, *de Pactis,* et loi 58.

———

Liv. XII, tit. I.

40. Paulus, lib. III *Quæstionum.*

Lecta est in auditorio Æmilii Papiniani, præfecti prætorio, jurisconsulti, cautio hujusmodi : *Lucius Titius scripsi me accepisse a Publio Mævio quindecim mutua numerata mihi de domo ; et hæc quindecim proba recte dari kalendis futuris stipulatus est Publius Mævius, spopondi ego Lucius Titius. Si die*

suprascripta summa Publio Mævio, eive ad quem ea res pertine-
bit, data, soluta, satisve eo nomine factum non erit, tunc eo
amplius, quo post solvam, pœnæ nomine, in dies triginta, inque
denarios centenos, denarios singulos dari stipulatus est Publius
Mævius, spopondi ego Lucius Titius : convenitque inter nos, uti
pro Publio Mævio ex summa suprascripta menstruos refundere
debeam denarios tricenos ex omni summa ei, heredive ejus. Quæsitum est de obligatione usurarum : quoniam numerus mensum,
qui solutioni competebat, transierat? *Dicebam,* quia pacta incon-
tinenti facta, stipulationi inesse creduntur, perinde esse, ac si
per singulos menses certam pecuniam stipulatus, quoad tardius
soluta esset, usuras adjecisset : igitur, finito primo mense,
primæ pensionis usuras currere : et similiter post secundum et
tertium tractum usuras non solutæ [pecuniæ] pensionis crescere :
nec ante sortis non solutæ usuras peti posse, quam ipsa sors
peti potuerat. Pactum autem, quod subjectum est, quidam dice-
bant ad sortis solutionem tantum pertinere, non etiam ad usurarum, quæ priore parte simpliciter in stipulationem venissent :
pactumque id tantum ad exceptionem prodesse : et ideo, non
soluta pecunia statutis pensionibus, ex die stipulationis usuras
deberi, atque si id nominatim esset expressum. Sed cum sortis
petitio dilata sit, consequens est, ut etiam usuræ ex eo tempore,
quo moram fecit, accedant : et, si (ut ille putabat) ad exceptionem tantum prodesset pactum (quamvis sententia diversa obtinuerit), tamen usurarum obligatio ipso jure non committetur :
non enim in mora est is, a quo pecunia propter exceptionem
peti non potest. Sed si quantitatem, quæ medio tempore colligi-
tur, stipulamur, cum conditio exstiterit, sicut est in fructibus,
idem et in usuris potest exprimi, ut ad diem non soluta pecunia,
quod competit usurarum nomine, ex die interpositæ stipulationis
præstetur.

LIv. XII, tit. I.

Loi 40 de Rebus creditis. (Traduction.)

Paul, liv. III *des Questions.*

On a donné lecture, dans la salle d'audience d'Émilius Papinien, jurisconsulte et préfet du prétoire, d'un écrit ainsi conçu:
Je reconnais par cet écrit, moi Lucius Titius, avoir reçu de

Publius Mævius quinze mille sesterces qu'il a pris dans son coffre-fort (*de domo*). De plus, Publius Mævius a stipulé qu'aux calendes prochaines je lui rendrais cette somme exactement (*recte*) et en bonnes espèces (*proba*), et je l'ai promis. Enfin, si à l'époque fixée (*die suprascripta*) cette somme n'est pas rendue à Publius Mævius ou à son mandataire (*eive ad quem ea res pertinebit*), ou s'il n'y a point eu satisfaction, il a stipulé que dans ce cas je lui donnerais en plus, à titre de peine, pour trente jours et cent deniers un denier, et je l'ai promis. Ensuite nous sommes convenus que je devrais verser (*refundere*) à lui Publius Mævius, ou à ses héritiers, trois cents deniers par mois (*tricenos denarios menstruos*) sur cette somme totale de quinze mille sesterces.

Le terme fixé pour le payement étant arrivé, la question était de savoir ce qu'il fallait décider quant à l'obligation de payer les intérêts. Je disais : Les pactes *in continenti* devant être considérés comme partie intégrante (*inesse*) de la stipulation, les choses doivent se passer comme si, après avoir stipulé le payement d'une certaine fraction de la totalité par chaque mois, Publius Mævius avait ajouté que les intérêts seraient dus pour chacune de ces fractions qui serait payée après l'échéance. Donc, le premier mois échu, les intérêts de la première fraction courront ; de même, après le second et le troisième trait de temps, les intérêts des sommes non encore versées courront (croîtront, *crescere*), et les intérêts du capital tout entier (quinze mille sesterces) ne pourront être exigés avant que ce capital ne puisse l'être lui-même. Quelques-uns disaient : Ce *pactum adjectum* ne concerne que le payement du capital (*sortis*), il n'a point trait aux intérêts qui ont été réglés par la stipulation ; le pacte ne peut fournir qu'une exception, et, l'argent n'étant pas payé aux termes convenus, les intérêts sont dus pour la totalité à partir du jour fixé par la stipulation pour le payement, comme si cela avait été stipulé expressément. Mais, puisque l'exigibilité (*petitio*) du capital a été reculée, il est logique que les intérêts ne viennent s'y ajouter qu'à compter de la demeure ; et quand même, comme le pense l'opinion contraire (*ut ille putabat*), le pacte ne fournirait qu'une exception (quoique l'autre opinion ait triomphé), cependant l'obligation de payer des intérêts ne serait point encourue, car celui-là n'est point en demeure contre lequel on ne peut demander un payement, parce qu'il est protégé par une exception. Mais, si nous stipulons la totalité des intérêts (*totam quantitatem usurarum*) lorsque la condition sera accomplie ; pour les intérêts comme pour les fruits, nous pouvons exprimer que, la somme n'étant pas payée au terme fixé, les intérêts seront dus à compter de ce terme fixé par la stipulation.

Liv. XII, tit. I.

Loi **40** *de Rebus creditis*. (*Commentaire.*)

PAUL, liv. III *des Questions.*

Nous avons vu l'effet des pactes ajoutés aux contrats de bonne foi, dans la loi 7 *de Pactis*, et dans la loi 72 *de Contrahenda emptione*. La loi 40 *de Rebus creditis*, du jurisconsulte Paul, nous offre l'exemple d'un pacte ajouté à des contrats *stricti juris*, à un *mutuum*, ou une stipulation.

Le jurisconsulte Papinien était préfet du prétoire sous Caracalla, Paul nous dit que l'espèce de notre loi fut présentée à ce jurisconsulte dans son auditoire, dans la salle où il donnait des consultations, et là, comme cela arrivait souvent d'ailleurs, la question fut discutée par lui et d'autres jurisconsultes, au nombre desquels était Paul.

Un écrit (*cautio*) conçu en ces termes fut lu dans l'auditoire de Papinien : Je reconnais, moi, Lucius Titius, avoir reçu de Publius Mævius quinze mille sesterces, qu'il a pris dans son coffre-fort (*de domo*) ; de plus, Mævius a stipulé, et j'ai promis, qu'aux calendes prochaines je lui rendrais cette somme exactement et en bonnes espèces. (Les Romains divisaient leurs mois en calendes, nones et ides ; les calendes étaient le premier jour de chaque mois, et c'était l'époque des payements.) Mævius a en outre stipulé que si, à cette époque, je ne restituais pas à lui ou à son mandataire cette somme, je lui payerais, à titre de peine, un denier par mois et par cent deniers, c'est-à-dire un pour cent par mois. Ainsi, voilà un contrat de droit strict, un *mutuum* accompagné d'une stipulation et garanti par une clause pénale. Mais ici arrive le pacte qui modifie la stipulation. En effet, nous sommes convenus que, si la somme n'était pas payée à l'époque convenue, c'est-à-dire aux calendes prochaines, je lui payerais, à lui ou à son héritier, trois cents deniers par mois jusqu'au payement total, jusqu'à l'épuisement de toute la dette ; cette dette étant de quinze mille, le pacte donne ainsi au débiteur un délai de cinq mois pour la totalité du payement. Voilà bien un pacte qui est venu s'ajouter à un contrat de droit strict, une stipulation ; s'il s'agissait d'un contrat *bonæ fidei*, comme la vente, nous ne serions pas embarrassés ; nous avons vu , loi 7 *de Pactis* , et 72 *de Contrahenda emptione* , la théorie romaine en pareil cas ; mais il s'agit ici d'un contrat *stricti juris :* le pacte qui est venu s'y ajouter aura-t-il la force de le modifier ? sera-t-il valable ? c'est ce que Paul va nous dire : la question était de savoir ce qu'il fallait décider quant à l'obligation de payer les intérêts ; l'échéance fixée par la stipulation, c'est-à-dire les prochaines calendes, étant arrivée (Pothier, p. 648, n. 3), le débiteur devra-t-il les intérêts de la somme totale, des quinze mille, ou ne devra-t-il que l'intérêt de chaque fraction de cette somme pour laquelle il sera en retard, *in mora ?* Je disais (Paul) : Ce pacte a eu lieu *in continenti*, incontinent, sur-le-champ, il doit donc être considéré comme partie intégrante de la stipulation et la modifier ; les choses doivent se passer comme si, après avoir stipulé le payement d'une fraction de la totalité par mois, Mævius avait ajouté : pour chaque mois payé en retard les intérêts seront dus ; le premier mois échu , les intérêts, les *usuræ* de ce mois courront ; de même pour le second, pour le troisième , et les intérêts du capital entier ne seront dus , ne courront qu'à partir du moment où ce capital tout entier sera lui-même exigible. Mais Paul nous montre qu'il y avait controverse. En effet, d'autres disaient : Ce pacte ne concerne que le payement du capital (*sortis*), il ne touche point aux intérêts, qui ont été fixés par la stipulation , et si la somme totale n'est pas payée au terme fixé par la stipulation , à partir de ce moment les intérêts sont dus pour la totalité, car, d'ailleurs, le pacte ne peut fournir au débiteur qu'une exception ; si donc son créancier Publius Mævius agit contre lui, et qu'il néglige d'opposer cette exception tirée du pacte, il perdra son procès, et devra payer les intérêts de tout le capital. Mais non , répond le jurisconsulte Paul : puisque l'exigibilité du capital a été reculée, il est juste que l'exigibilité des intérêts le soit aussi. D'ailleurs je n'admets pas que ce pacte ajouté à la stipulation *in continenti* ne produise qu'une exception ; je crois, au contraire, qu'il fait corps avec elle, qu'il est protégé par l'action même de la stipulation, du contrat ; mais, lors même que je l'admettrais, lors même que je dirais avec mes adversaires, dont l'opinion n'a pas prévalu (*quamvis sententia diversa obtinuerit*), que ce pacte ne produit qu'une exception, il serait encore vrai de dire que les intérêts de la somme totale ne sont pas dus, car il suffit d'être protégé par une exception pour ne pas devoir les intérêts moratoires, pour ne pas être *in mora*. Mais , ajoute Paul, il est clair que, si l'on a stipulé que la totalité des intérêts sera due lorsque la condition sera accomplie, c'est-à-dire lorsque l'époque fixée pour le payement du capital sera échue, cette stipulation est valable comme celle qu'on fait souvent relativement aux fruits ; il arrive souvent qu'on dit : Vous me rendrez tel fonds à telle époque ; sinon, vous me devrez les fruits à partir de ce moment. Eh bien, de même pour les intérêts cette stipulation peut très-bien se faire aussi , mais il faut une convention bien claire à cet égard. Ainsi le jurisconsulte Paul décide que le pacte ajouté *in continenti*, même à un contrat de droit strict, s'incorpore au contrat, *inesse stipulationi;* mais nous voyons en même temps que cette question n'était point à l'abri de controverses.

***

Liv. XLV, tit. I.

1. § 3. Ulpianus, lib. xlviii, *ad Edictum.*

§ 3. Si quis simpliciter interrogatus responderet, *Si illud factum erit, dabo :* non obligari eum constat. Aut si ita interrogatus , *intra kalendas quintas,* responderit, *dabo idibus :* æque non obligatur. Non enim sic respondit, ut interrogatus est. Et versa vice si interrogatus [fuerit] sub conditione , responderit pure : dicendum erit eum non obligari. Cum adjicit aliquid vel detrahit obligationi, semper probandum est vitiatam esse obligationem : nisi stipulatori diversitas responsionis illico placuerit : tunc enim alia stipulatio contracta esse videtur.

Liv. XLV, tit. I.

Loi 1 de Verborum obligationibus, § 3. (Traduction.)

Ulpien, liv. xlviii, *sur l'Edit.*

Si quelqu'un, interrogé purement et simplement, répond : Je donnerai si vous faites telle chose, il n'est point obligé ; ou si, interrogé en ces termes : Promettez-vous de donner avant les cinquièmes calendes ? il répond : Je donnerai aux ides, il n'est point obligé, car la réponse n'est point conforme à l'interrogation. Ou à l'inverse, si, interrogé sous condition, il répond purement et simplement, il n'est point obligé. Lorsqu'on ajoute ou on retranche quelque chose à l'obligation, elle se trouve viciée , à moins cependant que le stipulant n'ait accepté sur-le-champ le désaccord entre l'interrogation et la réponse, car alors il semble qu'une nouvelle stipulation ait eu lieu.

Liv. XLV, tit. I.

Loi 1 de Verborum obligationibus, § 3. *(Commentaire.)*

Ulpien, liv. XLIII, *sur l'Édit.*

Ici Ulpien, comme Paul dans la loi 40 *de Rebus creditis*, nous dit que le pacte ajouté incontinent à la stipulation fait corps avec elle, la modifie (*tunc enim alia stipulatio contracta esse videtur*). Ainsi le promettant ne répond pas conformément à l'interrogation ; si le stipulant consent à cette divergence qui modifie la stipulation, une nouvelle stipulation est censée avoir eu lieu.

Liv. II, tit. XIV.

17. Paulus, lib. III, *ad Edictum.*

Si tibi decem dem, et paciscar, *ut viginti mihi debeantur*, non nascitur obligatio ultra decem : re enim non potest obligatio contrahi, nisi quatenus datum sit.

Liv. II, tit. XIV.

Loi 17 de Pactis Pr. *(Traduction.)*

Paul, liv. III, *sur l'Édit.*

Si, en vous donnant dix, je conviens que vous devrez vingt, l'obligation ne s'étend pas au delà de dix, car on ne peut acquérir d'obligation que pour ce qu'on a donné.

Liv. II, tit. XIV.

Loi 17 de Pactis Pr. (Commentaire.)

Paul, liv. III, *sur l'Édit.*

Je vous prête dix, et nous convenons que vous me devrez vingt : voilà un pacte ajouté *in continenti* à un contrat *stricti juris*, au *mutuum ;* cependant ici Paul nous dit qu'il ne modifiera point l'obligation, il ne l'augmentera point, vous ne me devrez que vingt.

Liv. XII, tit. I.

11, § 1. Ulpianus, lib. XXVI, *ad Edictum.*

§ 1. Si tibi dedero decem [sic] *ut novem debeas :* Proculus ait, et recte, non amplius te ipso jure debere, quam novem. Sed si dedero, *ut undecim debeas*, putat Proculus, amplius, quam decem condici non posse.

Liv. XII, tit. I.

Loi 11 de Rebus creditis, § 1. *(Traduction.)*

Ulpien, liv. **xxvi,** *ad Edictum.*

Si je vous donne dix pour que vous rendiez neuf, Proculus dit que régulièrement vous ne me devez que neuf; mais, si je vous donne neuf pour que vous me rendiez onze, je n'ai la *condictio* que pour dix.

Liv. XII, tit. I.

Loi 11 de rebus creditis, § 1. *(Commentaire.)*

Ulpien, liv. **xxvi,** *ad edictum.*

De cette loi et de la précédente, des auteurs, et notamment Pothier (tom. II, p. 650), ont conclu que les pactes ajoutés aux contrats *stricti juris*, même *in continenti*, ne s'unissaient à eux, ne les modifiaient, qu'autant qu'il s'agissait d'un pacte *detrahens*, diminuant l'obligation, sans distinguer s'il s'agissait d'un *mutuum* ou d'une stipulation; mais ils n'ont pas remarqué que ces textes précisément ne parlent que du *mutuum*. Dans la loi 17 *de Pactis Pr.*, et dans notre loi 11 *de Rebus creditis*, il n'est question que d'un contrat de *mutuum;* cela sera donc vrai pour le *mutuum*, mais non pour la stipulation. La loi 1, § 3, *de Verb. oblig.*, en effet, dit que le pacte ajouté incontinent à une stipulation la modifie, s'unit à elle (*tunc enim alia stipulatio contracta esse videtur*); une autre stipulation est censée avoir pris la place de la première, et en effet cela se conçoit très-bien de la stipulation, contrat verbal; il faut donc dire, au moins pour la stipulation, que le pacte qui vient s'y ajouter *in continenti* produit ses effets, sans distinguer s'il est *detrahens* ou *adjiciens*, s'il diminue ou augmente l'obligation. La loi 27 au code, *de Pactis*, montre du reste clairement qu'il ne faut point faire cette distinction; elle dit : Le stipulant qui agit pour obtenir ce qui est contenu dans le pacte, soit qu'il ait suivi ou précédé la stipulation, agit valablement; c'est le stipulant, le créancier qui agit : c'est donc bien d'un pacte ajoutant quelque chose à 'obligation, et non d'un pacte *detrahens*, que ce texte veut parler.

Quant aux pactes isolés, faits *ex intervallo*, nous avons vu qu'a-joutés aux contrats *bonæ fidei*, loi 72, *de Contrah. emptione*, ils pouvaient cependant donner lieu à une action; mais, joints aux contrats *stricti juris*, *ex intervallo* , ils ne peuvent faire naître qu'une obligation naturelle dépourvue d'action. (Pothier, t. II, p. 650.)

Liv. XIX, tit. V.

5. Paulus, lib. v *Quæstionum*.

Naturalis meus filius servit tibi, et tuus filius mihi : convenit inter nos, *ut et tu meum manumitteres, et ego tuum :* ego manumisi : tu non manumisisti : qua actione mihi teneris, quæsitum est. In hac quæstione totius ob rem dati tractatus inspici potest : qui in his competit speciebus. Aut enim *do tibi, ut des :* aut *do, ut facias :* aut *facio, ut des ;* aut *facio, ut facias :* in quibus quæritur, quæ obligatio nascatur. — § 1. Et si quidem *pecuniam dem, ut rem accipiam,* emptio et venditio est : sin autem *rem do, ut rem accipiam,* quia non placet permutationem rerum emptionem esse, dubium non est, nasci civilem obligationem : in qua actione id veniet, non ut reddas, quod acceperis, sed *ut damneris mihi, quanti interest mea, illud , de quo convenit, accipere :* vel, si meum recipere velim, repetatur quod datum est , quasi ob rem datum, re non secuta. Sed si *scyphos tibi dedi, ut Stichum mihi dares,* periculo meo Stichus erit; ac tu duntaxat culpam præstare debes. [Explicitus est articulus ille, *do, ut des.*] — § 2. At *cum do, ut facias,* si tale sit factum, quod locari solet, puta *ut tabulam pingas,* pecunia data, locatio erit : sicut superiore casu emptio : si res, non erit locatio, sed nascetur vel civilis actio in hoc, quod mea interest, vel ad repetendum condictio. Quod si tale est factum, quod locari non possit, puta *ut servum manumittas,* sive certum tempus adjectum est, intra quod manumittatur, idque cum potuisset manumitti, vivo servo transierit, sive finitum non fuit, et tantum temporis consumptum sit, ut potuerit debueritque manumitti, condici ei potest, vel præscriptis verbis agi. Quod his, quæ diximus, convenit. Sed si dedi tibi servum, *ut servum tuum manumitteres,* et manumisisti, et is, quem dedi, evictus est : si sciens dedi, de dolo in me dandam actionem Julianus scribit : si ignorans, in factum civilem. — § 3. Quod *si faciam, ut des,* et posteaquam feci , cessas dare, nulla erit civilis actio, et ideo de dolor dabitur. — § 4. Sed, *si facio, ut facias,* hæc species tractatus plures recipit. Nam si

3.

pacti sumus, *ut tu a meo debitore Carthagine exigas, ego a tuo Romæ :* vel, *ut tu in meo, ego in tuo solo ædificem*, et ego ædificavi et tu cessas : in priorem speciem mandatum quodammodo intervenisse videtur : sine quo exigi pecunia alieno nomine non potest : quamvis enim et impendia sequantur, tamen mutuum officium præstamus : et potest mandatum ex pacto etiam naturam suam excedere. Possum enim tibi mandare, *ut et custodiam mihi præstes, et non plus impendas in exigendo , quam decem :* et si eandem quantitatem impenderemus, nulla dubitatio est : sin autem alter fecit, ut et hic mandatum intervenisse videatur , quasi refundamus invicem impensas : neque enim de re tua tibi mando. Sed tutius erit, et in insulis fabricandis, et in debitoribus exigendis, præscriptis verbis dari actionem : quæ actio similis erit mandati actioni : quemadmodum in superioribus casibus, locationi et emptioni. — § 5. Si ergo hæc sunt, ubi de faciendo ab utroque convenit, et in proposita quæstione idem dici potest : et necessario sequitur, ut ejus fiat condemnatio quanti interest mea, servum habere, quem manumisi. An deducendum erit, quod libertum habeo? Sed hoc non potest æstimari.

Liv. XIX, tit. V.

Loi 5 *Proscriptis verbis.* (*Traduction.*)

Paul, |liv. v *des Questions.*

Pr. Mon fils naturel est esclave chez vous, et le vôtre chez moi ; nous convenons que vous affranchirez le mien, et moi le vôtre. Je l'ai affranchi ; vous, au contraire, vous n'avez pas affranchi le mien : la question est de savoir quelle action j'aurai contre vous. A l'occasion de cette question, toute la matière de ce qui est fourni en vue d'une chose peut être examinée. Elle se trouve comprise dans les quatre espèces suivantes : je vous donne pour que vous donniez, je vous donne pour que vous fassiez, je fais pour que vous donniez, je fais pour que vous fassiez : espèces dans lesquelles la question est de savoir quelle obligation naîtra.

§ 1. Si je vous donne une somme d'argent pour recevoir en retour une chose, il y a vente ; mais si je vous donne un objet pour que vous me donniez en retour un autre objet, comme l'échange n'est point une vente, sans aucun doute il naît une action civile, action qui vous oblige, non pas à rendre ce que vous avez reçu, mais qui a pour but de vous faire condamner à me donner l'intérêt que j'avais à ce que la convention s'exécutât; ou bien, si je préfère recouvrer ce que je vous ai donné, j'aurai une action pour le répéter, comme vous ayant donné une chose pour un but, sans que ce but ait été rempli par vous. Si je vous ai donné des coupes pour que vous me donniez Stichus, Stichus est à mes risques, et vous n'êtes tenu que de votre faute. (Cette première espèce, je donne pour que vous donniez, se trouve expliquée.)

§ 2. Lorsque je donne pour que vous fassiez, s'il s'agit d'un de ces faits qui font ordinairement l'objet d'un louage, par exemple, pour que vous me peigniez un tableau, et que je vous donne une somme d'argent, ce sera un louage, de même que, dans l'espèce ci-dessus, c'était une vente. Mais, si c'est un objet autre que de l'argent que je vous donne, ce ne sera plus un louage, et il naîtra pour moi, ou une action civile pour obtenir l'intérêt que j'avais à l'exécution du contrat, ou une *condictio* pour répéter la chose donnée.

S'il s'agit d'un fait qui ne peut être l'objet d'un louage, par exemple, l'affranchissement d'un esclave, soit que nous ayons fixé un certain laps de temps pour effectuer l'affranchissement, et qu'il se soit écoulé du vivant de l'esclave qui pouvait être affranchi, soit que nous n'ayons fixé aucun délai, mais qu'il se soit écoulé un temps suffisant pour qu'il pût et dût être affranchi, j'aurai la *condictio*, ou l'action *præscriptis verbis*, à mon choix, et cela est d'accord avec ce que nous avons dit précédemment. Si je vous donne un esclave pour que vous affranchissiez un de vos esclaves, que vous l'ayez affranchi, puis que vous soyez évincé de celui que je vous ai donné: si j'étais de mauvaise foi, Julien écrit que vous aurez contre moi l'action de dol; si j'étais de bonne foi, l'action *in factum civile*.

§ 3. Si j'exécute un fait pour que vous me donniez, et que, ayant exécuté, vous ne me donniez pas, je n'aurai aucune action civile contre vous, mais j'aurai l'action de dol.

§ 4. Si je fais quelque chose, afin que, de votre côté, vous exécutiez un fait, cette espèce exige plusieurs distinctions; en effet, si nous sommes convenus que vous toucherez à Carthage de mon débiteur ce qu'il me doit, et que moi je toucherai à Rome de votre débiteur ce qu'il vous doit, ou bien que vous construirez sur mon terrain', et moi sur le vôtre, une maison, puis qu'ayant construit, vous refusiez de remplir votre engagement : dans la première espèce, il me semble qu'il y a contrat de mandat, car on ne peut exiger une dette au nom d'autrui sans mandat; en effet, quoique cela nous occasionne à chacun des dépenses, cependant nous nous rendons un service réciproque, et l'on peut par un pacte étendre les limites naturelles du mandat ; je puis, en effet, vous donner mandat et mettre la *custodia* à votre charge, ou vous donner mandat de m'acheter une chose pour une somme qui ne dépasse pas dix pièces d'or. Si nous avons dépensé la même somme, aucun doute n'est possible ; mais, si un seul a exécuté, on peut dire encore qu'il y a mandat, comme si nous compensions réciproquement nos frais, car je ne puis vous donner mandat de façon que vous preniez quelque chose sur votre bien. Cependant il est plus prudent, et dans l'espèce où il s'agit de construire une maison, et dans celle où il s'agit de toucher de l'argent, de donner l'action *præscriptis verbis*, action analogue à celle de mandat, comme plus haut à la vente et au louage.

§ 5. Si l'on doit décider ainsi quand deux parties se sont engagées l'une et l'autre à exécuter un fait, on doit décider de même dans l'espèce ci-dessus, et il en résulte que vous serez condamné à me payer l'intérêt que j'avais à conserver l'esclave que j'avais affranchi. Devra-t-on me faire la déduction de l'intérêt que je trouve à avoir un affranchi? Non, car cela ne peut faire l'objet d'une estimation.

Liv. XII, tit. IV.

Loi 5 Præscriptis verbis. (Commentaire.)

PAUL, liv. v *des Questions.*

Le droit romain ne reconnaît que les quatre contrats réels énumérés aux Institutes (liv. III, tit. 14, *de Obligat.*) : le *mutuum*, le concordat, le dépôt, le gage, et, seuls, elle les protége par une action qui tire son nom du contrat lui-même. Cependant, si je conviens que je vous donnerai telle chose, à condition que vous me donnerez telle chose en retour ou que vous exécuterez tel travail, et que je remplisse

mon engagement tandis que vous refusez de remplir le vôtre, il y a
bien là un obligation, un contrat; ce contrat n'est point nommé,
n'est point baptisé par le droit civil, mais il existe; ce sont ces différentes hypothèses, qui peuvent se multiplier à l'infini, que les jurisconsultes qui se sont occupés de droit romain appellent *contrats innomés*. Ces contrats ne sont point prévus par le droit civil; cependant,
moi qui ai exécuté un engagement, dois-je être privé de protection,
dois-je rester sans ressource pour vous obliger à exécuter de votre
côté ou à m'indemniser? Non, cela serait inique; mais quelles actions
aurais-je? C'est ce que plusieurs textes, et notamment la loi 5
Præscriptis verbis, nous apprennent.

Pr. J'ai pour esclave votre enfant naturel, vous avez pour esclave le
mien; nous convenons de les affranchir réciproquement. J'affranchis le
vôtre; vous, au contraire, vous n'affranchissez pas le mien : quelle action vais-je avoir contre vous? Cette convention ne rentre dans aucun
des quatre contrats connus, nommés; je ne puis évidemment avoir contre vous ni la *condictio*, qui naît du *mutuum*, ni l'action *commodati*,
ni l'action *depositi*, ni l'action *pigneratitia*. Quelle action aurai-je
donc? C'est ce que Paul nous dira tout à fait à la fin de notre loi; mais
avant, et à propos de cette hypothèse, il va examiner toute la théorie
des contrats innommés, comme il nous l'annonce (*In hoc quæstione,
totus ob rem dati tractatus inspici potest.* —À l'occasion de cette question, tout le traité de ce qui est donné pour qu'une chose soit fournie
en retour peut être étudié.) Ce traité se trouve renfermé dans les quatre espèces suivantes (*qui in his competit speciebus*) : Je vous donne
pour que vous me donniez en retour une chose; je vous donne une
chose pour que vous exécutiez un fait; je fais pour que vous me donniez; ou enfin je fais pour que vous fassiez.

§ 1. Si je vous donne de l'argent pour recevoir une chose, il y a
vente: pas de difficulté, on suivra les règles de ce contrat, ce n'est point
là un contrat innommé; mais si je vous donne non plus de l'argent,
comme tout à l'heure, mais une chose, afin qu'à votre tour vous me
donniez un autre objet, l'élément essentiel du contrat de vente, c'est-
à-dire le prix, ne se rencontre plus, il y a là un échange, et, comme
l'échange n'est point une vente, il ne peut être question des actions de
ce contrat, et il naît une action civile (*nasci obligationem civilem;* les
mots *actio* et *obligatio* s'emploient souvent l'un pour l'autre). Quelle
est cette action civile dont nous parle Paul? C'est l'action *præscriptis
verbis*, que nous allons le voir désigner plus bas. Ces mots *præscriptis
verbis* sont faciles à analyser : il s'agit, dans notre matière, de contrats
innommés, non baptisés par le droit civil; dès lors l'action qu'ils produisent, que la jurisprudence a fini par admettre pour en assurer l'exécution, ne peut pas, comme l'action *depositi, commodati*, etc., em-

prunter son nom au contrat lui-même ; eh bien, elle s'appelle *præ-scriptis verbis*, c'est-à-dire que, dans les mots, dans l'historique pour ainsi dire, dans la démonstration qui se trouve en tête (*præ*) de la formule délivrée par le prêteur, les faits qui se sont passés seront racontés : je vous ai donné mon cheval blanc, à condition que vous me donneriez votre cheval noir ; vous ne l'avez pas fait, j'agis contre vous par l'action *præscriptis verbis*. Dans la *demonstratio* de cette action on racontera les faits, afin que le juge sache bien de quoi il s'agit ; *actio quæ, præscriptis verbis rem gestam demonstrat* (M. Ortolan, t. II, p. 302). Cette action est civile (*civilis actio*), et *in factum* quant à la *demonstratio*, puisque le prêteur y raconte les faits que se sont passés ; mais elle est *in jus* quant à l'*intentio ; le judex* a une question de droit à examiner, et non point seulement une question de fait. Par cette action *præscriptis verbis*, j'obtiendrai, nous dit Paul, *ut damneris mihi quanti interest mea illud de quo convenit accipere*, que vous soyez condamné à me payer l'intérêt que j'avais à ce que vous exécutiez le contrat ; c'est donc une action en dommages-intérêts, et par conséquent *incerta ;* car on ne peut connaître à l'avance le chiffre des dommages-intérêts (M. Ortolan, t. II, p. 301). *Vel si meum recipere velim, etc.* ; ou bien, si je le préfère, moi qui vous ai donné ma chose, je puis, tant que vous n'avez pas exécuté, exiger qu'elle me soit restituée ; c'est là l'action, la *condictio causa data, causa non recuta ;* c'est-à-dire qui naît de ce qu'une *causa obligationis*, une cause d'obligation (une dation), ayant été fournie par l'une des parties, l'autre n'a point fourni sa dation en retour ; elle se désigne aussi souvent sous le nom d'*actio ob causam datorum*. Ainsi donc, j'ai le choix entre ces deux actions : *præscriptis verbis*, et *ob causam datorum ;* voilà les deux actions qui serviront de sanction à l'exécution d'un contrat innomé. Si je vous ai donné des coupes pour que vous me donniez Stichus, Stichus est à mes risques ; s'il périt, c'est tant pis pour moi, à moins qu'il n'y ait faute de votre part : voilà un échange ; cependant Paul, appliquant à ce contrat les principes de la vente, décide que la chose non encore livrée, l'esclave, est au risque de celui qui ici joue le rôle d'acheteur, de celui qui a exécuté en livrant les coupes. Nous verrons à la loi 16 *de Condict. data*, que Celse est d'un avis contraire. (*Explicitus est articulus ille, do ut des.* Voilà la première partie des contrats innomés expliqués, c'est-à-dire le *do ut des.*)

§ 2. Ce paragraphe traite de la seconde catégorie des contrats innomés ; il ne s'agit plus ici d'une dation, mais de l'exécution d'un fait, *do ut facias* : je donne pour que vous fassiez. Eh bien, là comme tout à l'heure, si je vous ai donné une chose pour que vous exécutiez un travail, et que vous ne l'exécutiez pas, j'ai le choix entre l'action *præscriptis verbis* et la *condictio ob causam datorum :* par la première, j'obtiendrai des dommages-intérêts ; par la seconde, la restitution de la chose que je vous ai donnée : seulement, à la fin de ce paragraphe, dans l'hypothèse où, vous ayant donné un esclave pour que vous affranchissiez tel esclave, vous êtes évincé de celui que je vous ai donné, Paul nous dit : Le jurisconsulte Julien écrit que le contractant évincé aura contre l'autre l'action de dol, s'il était de mauvaise foi, s'il savait n'être pas propriétaire de cet esclave; et s'il était de bonne foi, une action *in factum civilem ;* le mot *civilem* est de trop. La loi 7, § 2, *de Pactis*, que nous avons étudiée, nous dit au contraire qu'en pareil cas, c'est une action *in factum* prétorienne, et non une action civile que voyait le jurisconsulte Julien, critiqué du reste sur ce point par Mauricien.

§ 3. Si j'exécute un fait, un travail, pour que vous me donniez une chose, et que vous ne me la donniez pas, je n'ai point d'action civile contre vous, mais j'ai l'action de dol. Ici, évidemment, il ne peut être question de la *condictio ob causam datorum*, car il s'agit d'un fait exécuté. Je ne puis me faire restituer l'exécution de ce fait ; mais pourquoi n'ais-je pas l'action *præscriptis verbis*, l'action en dommages-intérêts ? Cela tient à la marche du droit romain en cette matière. L'action *præscriptis verbis* ne s'introduisit point d'un seul coup, et ne fut pas admise par tous les jurisconsultes avec la même facilité; quelques-uns, et Paul est du nombre, ne l'admettaient que lorsque le contrat innomé en question avait quelque rapport avec l'un des quatre contrats réels reconnus; or notre espèce : Je fais pour que vous me donniez, n'a aucun rapport avec l'un quelconque de ces contrats; nous verrons, à la loi 15 de ce titre, qu'Ulpien, au contraire, en pareil cas, donne l'action *præscr. verbis*, et non l'action de dol.

§ 4. Ici, nous arrivons à la dernière opération indiquée par Paul comme constituant un contrat innomé : *facio ut facias ;* j'exécute un fait, un travail, pour que de votre côté vous en exécutiez un. Ainsi, je touche de l'argent de votre débiteur à Rome, à condition que vous toucherez du mien à Carthage, où je construis une maison, à condition que de votre côté vous en construirez une; j'exécute, et vous n'exécutez pas ces conventions; eh bien, là comme dans le paragraphe précédent, nous apercevons la répugnance de Paul à admettre l'action *præscriptis verbis*, il fait tous ses efforts pour rapprocher ce contrat innomé du mandat, pour y voir un mandat, et donner par conséquent l'action *mandati*. Il finit cependant par dire que, dans ces deux hypothèses, il vaut mieux accorder l'action *præscriptis verbis*.

§ 5. Après avoir ainsi exposé chacune des quatre hypothèses dans lesquelles peuvent prendre naissance les contrats innommés et les actions *præscriptis verbis* et *ob causam datorum*, Paul revient à l'es-

pèce du *principium* de la loi, l'espèce où j'ai affranchi votre fils naturel, parce que vous m'avez promis d'affranchir le mien, et il me donne
l'action *præscriptis verbis.* Il se demande, en terminant, si des dommages-intérêts que j'obtiendrai par cette action il faudra déduire l'a-
vantage que je trouve à avoir un affranchi ; ainsi cet affranchi me doit
des *operæ;* je puis avoir des droits à sa succession, devra-t-on en tenir
compte ? Non, parce que cela n'est point évaluable à argent, cela serait fort difficile à estimer.

Liv. XII, tit. IV.

16. Celsus, lib. iii *Digestorum.*

Dedi tibi pecuniam, *ut mihi Stichum dares :* utrum id contractus genus pro portione emptionis et venditionis est ? an nulla
hic alia obligatio est, quam ob rem dati re non secuta ? In quod
proclivior sum : et ideo, si mortuus est Stichus, repetere possum,
quod ideo tibi dedi, ut mihi Stichum dares. Finge alienum esse
Stichum, sed te tamen eum tradidisse : repetere a te pecuniam
potero, quia hominem accipientis non feceris : et rursus si tuus
est Stichus, et pro evictione ejus promittere non vis, non libera-
beris, quo minus a te pecuniam repetere possim.

Liv. XII, tit. IV.

Loi 16 de Condictione causa data causa non secuta. (*Traduction.*)

Celse, liv. iii *de son Digeste.*

Je vous ai donné de l'argent pour que vous me donniez l'esclave Stichus : ce contrat doit-il être considéré, au moins sous
certains rapports, comme une vente, ou bien ne doit-on voir là
qu'une obligation résultant de ce qu'une chose a été donnée en
vue d'une dation qui n'a point eu lieu ? Je penche vers ce dernier avis, de sorte que, si Stichus meurt, je pourrai répéter
l'argent que je vous ai donné pour avoir cet esclave. Supposons
que Stichus ne vous appartient pas, et que cependant vous me
l'avez livré, je pourrai répéter mon argent, parce que vous ne
m'avez point rendu propriétaire de cet esclave ; et même si vous
en êtes propriétaire, mais que vous refusiez de me garantir
contre toute éviction, vous n'êtes point libéré, et je puis vous
redemander mon argent.

Liv. XIX, tit. V.

Loi 16 *de Condictione causa data causa non secuta.* (*Commentaire.*)

CELSE, lib. III *de son Digeste.*

Je vous ai donné une somme d'argent pour que vous me donniez Stichus : ce contrat doit-il être assimilé à la vente et soumis à ses règles, ou bien doit-on voir là un contrat innomé? Nous voyons, au § 1, loi 5, *Præscriptis verbis*, que Paul, sans hésiter, voit là une vente. La raison de douter, c'est qu'ici je m'engage à vous donner la propriété de Stichus ; or le vendeur ne s'engage ordinairement qu'à faire avoir la chose vendue, sans pour cela en transférer la propriété, et ici *dares* signifie bien *transférer la propriété.* Celse, au contraire, voit là, précisément à cause de ce caractère étranger à la vente, un contrat innomé, et par conséquent donne l'action *præscriptis verbis.* Cela ne doit point nous étonner, nous savons que beaucoup de jurisconsultes, et Paul entre autres, n'accordaient cette action qu'avec répugnance, et rapprochaient, si cela était possible, le contrat innomé en question d'un contrat connu, afin de lui donner l'action de ce contrat. Du reste, ici, bien qu'il y ait, il est vrai, quelque chose de plus que dans la vente, puisque vous vous obligez à me rendre propriétaire (*dares*), cependant l'analogie est si grande que Paul n'a pas tort de dire qu'il y a vente, et qu'on suivra les règles de ce contrat. Les conséquences de cette divergence d'opinion s'aperçoivent tout de suite, et Celse nous indique les principales : s'il y a là, comme il le veut, contrat innomé, échange et non vente, Stichus venant à mourir avant de m'être livré, je pourrai répéter mon argent, car vous n'avez pas exécuté votre obligation ; dès lors je vous ai donné sans cause. De plus, si vous m'avez livré Stichus, mais qu'il ne vous appartienne pas, je puis répéter même avant tout trouble, car vous deviez m'en rendre propriétaire ; et même si vous en êtes propriétaire, mais que vous n'ayez pas voulu me promettre de me garantir contre toute éviction, je puis encore vous réclamer mon argent, car il se peut que cet esclave soit hypothéqué et que je sois évincé. Si, au contraire, on admet avec Paul qu'il y a vente, rien de semblable, car il suffit que la chose vendue existe au moment de l'accord des volontés, et, d'un autre côté, le vendeur n'est obligé qu'à la faire avoir à l'acheteur, il n'est point tenu de l'en rendre propriétaire : l'acheteur ne peut se plaindre que lorsqu'il est évincé ou menacé de l'être.

Liv. XIX, tit. V.

15. ULPIANUS, lib. LXII, *ad Sabinum*.

Solent, qui noverunt servos fugitivos alicubi celari, indicare
eos dominis, ubi celentur : quæ res non facit eos fures : solent
etiam mercedem hujus rei accipere et sic indicare : nec videtur
illicitum esse hoc, quod datur : quare qui accepit, quia ob causam accepit, nec improbam causam, non timet condictionem :
quod si solutum quidem nihil est, sed pactio intercessit ob [in-
dicium] hoc est, *ut si indicasset, apprehensusque esset fugitivus,
certum aliquid daretur*, videamus, an possit agere? Et quidem
conventio ista non est nuda, ut quis dicat, ex pacto actionem
non oriri, sed habet in se negotium aliquod : ergo civilis actio
oriri potest, id est, præscriptis verbis; nisi si quis et in hac specie
de dolo actionem competere dicat, ubi dolus aliquis arguatur.

Liv. XIX, tit. V.

Loi 15 Præscriptis verbis. (Traduction.)

ULPIEN, liv. XLII, *sur Sabinus.*

Ceux qui connaissent la retraite d'esclaves fugitifs ont coutume
de la révéler à leurs maîtres ; loin de devenir recéleurs par cette
dénonciation, ils en reçoivent ordinairement la récompense : cette
récompense n'a rien d'illicite ; au contraire, elle a une cause, elle
est licite, et ils n'ont point à craindre la condiction ; si je n'ai
reçu aucun salaire, et s'il est convenu que pour prix de ma dénonciation, si le fugitif est ressaisi je recevrai une somme déterminée, aurais-je une action? Cette convention n'est point un
pacte nu, duquel on puisse dire qu'il n'engendre point d'action ;
elle contient une affaire, elle donne naissance à une action
civile, c'est-à-dire l'action *præscriptis verbis*, à moins cependant qu'on ne dise que dans l'espèce il y a lieu à l'action de dol,
en arguant du dol commis.

Liv. XIX, tit. V.

Loi 15 Præscriptis verbis. (Commentaire.)

ULPIEN, liv. XLII, *sur Sabinus.*

Ainsi nous voyons dans ce texte qu'Ulpien est au nombre des jurisconsultes qui admettaient volontiers l'action *præscriptis verbis*, et l'ac-

tion *ob causam datorum* dans les contrats innomés. Je vous ai révélé la retraite d'esclaves fugitifs, vous m'aviez promis un salaire, vous ne me le donnez pas; cependant il y a obligation, il y a *res* de ma part, car j'ai exécuté mon obligation en vous faisant cette dénonciation; il y a bien plus qu'un pacte, qu'une convention, c'est un contrat réel innomé : eh bien, Ulpien me donne l'action *præscriptis verbis* contre le maître de ces esclaves fugitifs; mais en même temps il nous indique qu'il pouvait y avoir lieu à controverse, que d'autres jurisconsultes, dans cette espèce, auraient donné l'action de dol. Nous retrouvons la trace de cette hésitation à admettre l'action *præscriptis verbis*, quand le contrat innomé dont il s'agit ne se rapproche d'aucun des contrats reconnus par le droit civil, dans beaucoup d'autres textes; ainsi, lois 7 et 9 de notre titre *Præscriptis verbis*, Papinien admet cette action comme Ulpien.

Liv. XIX, tit. V.

7. Papinianus, lib. ii *Quæstionum*.

Si tibi decem dedero, *ut Stichum manumittas,* et cessaveris, confestim agam præscriptis verbis, ut solvas, quanti mea interest : aut, si nihil interest, condicam tibi, ut decem reddas.

Liv. XIX, tit. V.

Loi 7 Præscriptis verbis. (Traduction.)

Papinien, liv. ii, *Questions*.

Je vous donne 10 pour que vous affranchissiez Stichus : vous ne l'affranchissez pas; je puis agir par l'action *præscriptis verbis* pour que vous me payiez l'intérêt que j'avais à ce qu'il fût affranchi, ou, si je n'ai point d'intérêt, j'aurai la *condictio ob causam datorum* pour me faire restituer mes dix pièces de monnaie.

Liv. XIX, tit. V.

9. Papinius, lib. ii, *Responsorum*.

Ob eam causam accepto liberatus, *ut nomen Titii debitoris delegaret,* si fidem contractus non impleat, incerti actione tenebitur : itaque judicis officio non vetus obligatio restaurabitur, sed promissa præstabitur, aut condemnatio sequetur.

Liv. XIX, tit. V.

Loi 9, Præscriptis verbis. (Traduction.)

Papinien, liv. xi, *Réponses.*

Mon créancier m fait acceptilation (remise de ma dette, *Institutes*, liv. iii, tit. 19, § 1; M. Ortolan, t. ii, p. 332), à condition que je lui déléguerais Titius, mon débiteur; si je n'exécute point ce contrat, il aura contre moi l'action *incerta præscriptis verbis*, le juge n'a pas le pouvoir de rétablir l'ancienne obligation (car ma créance, éteinte par l'acceptilation ou autrement, ne peut être ressuscitée), mais je serai obligé d'exécuter ma promesse, ou condamné à payer des dommages-intérêts.

Liv. XIX, tit. V.

16. Pomponius, lib. xxii, *ad Sabinum.*

§ 1. Permisisti mihi *ut sererem in fundo tuo et fructus tollerem* : sevi, nec pateris me fructus tollere : nullam juris civilis actionem esse, Aristo ait : an in factum dari debeat, deliberar posse : sed erit de dolo.

Liv. XIX, tit. V.

Loi 10, § 1, Præscriptis verbi. (Traduction.)

[Pomponius, liv. xxii, *sur Sabinus.*

Vous m'avez autorisé à semer sur votre fonds et à récolter les fruits : j'ai semé, et vous vous opposez à ce que je recueille les fruits. Ariston dit qu'il n'y a lieu à aucune action civile ; qu'on peut discuter sur le point de savoir s'il y a lieu à une action *in factum*, mais que, selon lui, il y aura lieu à l'action de dol. (Ainsi voilà un jurisconsulte qui, à la différence d'Ulpien et de Papinien, refuse l'action *præscriptis verbis*, et donne l'action de dol.

Tit. VI.

Fragments d'Ulpien, de Dotibus.

1. Dos aut datur, aut dicitur, aut promittitur. — 2. Dotem

dicere potest mulier quæ nuptura est, et debitor mulieris, si jussu ejus dicat institutus, parens mulieris virilis sexus per virilem sexum cognatione junctus, velut pater, avus paternus. Dare, promittere dotem omnes possunt. — 3. Dos aut profectitia dicitur, id est, quam pater mulieris dedit; aut adventitia, id est, ea quæ a quovis alio data est. — 4. Mortua in matrimonio muliere, dos a patre profecta ad patrem revertitur, quintis in singulos liberos in infinitum relictis penes virum. Quod si pater non sit, apud maritum remanet. — 5. Adventitia autem dos semper penes maritum remanet præterquam si is qui dedit, ut sibi redderetur stipulatus fuerit : quæ dos specialiter receptitia dicitur. — 6. Divortio facto, siquidem sui juris sit mulier, ipsa habet *rei uxoriæ* actionem, id est, dotis repetitionem. Quod si in potestate patris sit, pater adjuncta filiæ persona habet actionem [revera] : nec interest, adventitia sit dos, an profectitia. — 7. Post divortium defuncta muliere, heredi ejus actio non aliter datur quam si moram in dote mulieri reddenda maritus fecerit. — 8. Dos si pondere, numero, mensura contineatur, annua, bima, trima die redditur; nisi si, ut præsens reddatur, convenerit. Reliquæ dotes statim redduntur. — 9. Retentiones ex dote fiunt, *aut propter liberos*, aut propter mores, aut propter impensas, aut propter res donatas, aut propter res amotas. — 10. Propter liberos retentio fit, si culpa mulieris, aut patris cujus in potestate est, divortium factum sit. Tunc enim singulorum liberorum nomine sextæ retinentur ex dote; non plures tamen quam tres sextæ in retentione sunt, non in petitione. — 11. Dos quæ semel functa est, amplius fungi non potest, nisi aliud matrimonium sit. — 12. Morum nomine, graviorum quidem sexta retinetur; leviorum autem, octava. Graviores mores sunt adulteria tantum, leviores omnes reliqui. — 13. Mariti mores puniuntur, in ea quidem dote quæ a die reddi debet, ita : propter majores mores præsentem reddit; propter minores senum mensum die. In ea autem quæ præsens reddi solet, tantum ex fructibus jubetur reddere, quantum in illa dote quæ triennio redditur, repræsentatio facit. — 14. Impensarum species sunt tres : aut enim necessariæ dicun tur, aut utiles, aut voluptuosæ. — 15. Necessariæ sunt impensæ, quibus non factis dos deterior futura esset, velut si quis ruinosas ædes refecerit. — 16. Utiles sunt, quibus non factis quidem deterior dos non fieret, factis autem fructuosior effecta est, veluti si vineta et oliveta fecerit. — 17. Voluptuosæ sunt, quibus neque omissis deterior dos fieret, neque factis fructuosior effecta est : quod evenit in viridariis et picturis similibusque rebus.

TIt. VI.

Fragments d'Ulpien. (*Traduction.*)

DES DOTS.

§ 1. On peut constituer la dot par la dation, la diction ou par promesse.

§ 2. La femme qui va se marier peut constituer une dot par la diction, de même le débiteur de la femme avec son autorisation ou un ascendant paternel de la femme, ainsi, son père ou son aïeul paternel. Mais tout le monde peut constituer une dot par dation ou par promesse.

§ 3. La dot est dite profectice, c'est-à-dire fournie par le père de la femme, ou adventice, c'est-à-dire fournie par toute autre personne.

§ 4. Si la femme meurt pendant le mariage, la dot constituée par l'ascendant lui revient, sauf la déduction d'un cinquième par enfant, à l'infini, qui est faite en faveur du mari.

§ 5. Quant à la dot adventice, elle reste toujours au mari, à moins pourtant que celui qui l'a constituée n'ait stipulé qu'elle lui serait rendue ; c'est alors que la dot s'appelle spécialement réceptice.

§ 6. S'il y a divorce et que la femme soit *sui juris,* elle a elle-même l'action en répétition de sa dot ; si elle est sous la puissance paternelle, le père a l'action *rei uxoriæ,* en s'adjoignant la personne de sa fille, et peu importe que la dot soit profectice ou adventice.

§ 7. Si la femme meurt après le divorce, son héritier n'a point l'action, à moins que le mari n'ait été mis en demeure.

§ 8. Si la dot consiste en choses qui se pèsent, se comptent ou se mesurent, elle doit être restituée en un terme de trois ans, à moins qu'il n'ait été convenu qu'elle serait rendue immédiatement. Les autres dots sont rendues sans aucun délai.

§ 9. Des rétentions ont lieu sur la dot, soit à cause des enfants, soit à cause des mœurs, soit à cause des impenses, soit à cause des choses données, soit à cause des choses détournées.

§ 10. Il y a une rétention *propter liberos,* si par la faute de la femme ou de l'ascendant sous la puissance duquel elle se trouve, le divorce a eu lieu ; car alors le mari retient un sixième sur la dot au nom de chaque enfant, sans cependant pouvoir conserver plus de trois sixièmes par la rétention, et non par voie d'action.

§ 11. La dot qui a une fois été soumise à une rétention ne peut l'être une seconde fois, à moins qu'il n'y ait un nouveau mariage.

§ 12. La rétention pour cause d'immoralité (*propter mores*) est du sixième si la faute est grave ; si elle est légère, du huitième. On n'entend par fautes graves que les adultères ; toutes les autres sont considérées comme légères.

§ 13. Les mauvaises mœurs du mari sont punies s'il s'agit d'une dot restituable en trois années, de telle façon que, si la faute est grave, il devra rendre cette dot immédiatement ; si la faute est légère, par tiers de six mois en six mois. S'il s'agit d'une dot qui doit être rendue immédiatement à la dissolution du mariage, le mari devra rendre sur les fruits une portion correspondante à ceux dont il se trouve privé quand la dot est restituable en trois ans.

§ 14. Il y a trois sortes d'impenses : les impenses nécessaires, utiles et voluptuaires.

§ 15. Les impenses nécessaires sont celles faute desquelles la dot se serait détériorée ; ainsi, la réparation d'une maison prête à s'écrouler.

§ 16. Les impenses utiles sont celles faute desquelles la dot ne se serait point détériorée, mais qui l'améliorent ; ainsi, si l'on a planté des vignes ou des oliviers.

§ 17. Les impenses voluptuaires sont celles en l'absence desquelles la dot n'aurait point souffert, et qui ne l'ont point améliorée ; ainsi, des plantations d'arbustes, des peintures et autres travaux du même genre.

Titre VI.

*Fragments d'*ULPIEN, *des Dots.* (*Commentaire.*)

§ 1. Ce fragment d'Ulpien est un résumé assez complet des principes sur la dot ; la dot est constituée en faveur du mari, pour l'aider à supporter les charges du ménage. Ulpien nous dit qu'elle peut être constituée de trois manières différentes : la *datio*, qui est une translation de propriété, et qui se fera soit par la mancipation, soit par la cession *in jure*, soit par la tradition ; la *dictio*, qui était une promesse faite en termes solennels et peu connus, et enfin la promesse faite suivant les formes ordinaires de la stipulation. Par la *datio*, le mari devenait propriétaire ; par les deux autres modes, il ne devenait que créancier.

§§ 2, 3, 4. Ainsi, quand la femme meurt pendant le mariage, la dot profectice retourne à l'ascendant qui l'avait constituée ; seulement on laisse au mari autant de cinquièmes de la dot qu'il y a d'enfants, et cela, dit notre paragraphe, *in infinitum*, c'est-à-dire jusqu'à l'épuisement de la dot ; ainsi, s'il y a cinq enfants, le mari retiendra cinq cinquièmes, c'est-à-dire la totalité.

§ 5. La règle est donc que la dot adventice reste au mari quand la femme vient à mourir, mais que, si le constituant a stipulé qu'elle lui reviendrait, il a pour la recouvrer l'action *ex stipulatu*.

§ 6. Si la femme est *sui juris*, il est tout simple qu'elle puisse agir ; elle a l'action *rei uxoriæ*, action de bonne foi, qui a été transformée par Justinien (liv. iv, t. 6, § 29). Mais, si elle est soumise à la puissance paternelle, c'est au père, et au père seul, qu'appartient l'action ; cependant notre texte exige, dans l'intérêt de la femme, pour qu'elle puisse veiller à la dot et se remarier plus facilement, que le père n'agisse point sans elle ; c'est une dérogation aux principes sur la puissance paternelle.

§ 7. Il ne sera donc pas nécessaire, pour que l'action passe aux héritiers de la femme, qu'elle ait intenté l'action, qu'elle soit allée devant le magistrat demander la délivrance de la formule ; il suffit qu'il y ait eu mise en demeure, sommation.

§ 8. Si la dot se compose de quantités, il se peut fort bien que le mari n'en ait pas à sa disposition pour le moment ; il est clair qu'il ne pouvait conserver dans leur individualité ces espèces ou ces denrées dont se composait la dot : aussi il aura un délai de trois ans pour faire la restitution, à compter de la dissolution du mariage ; il rendra un tiers chaque année, à moins de convention contraire. Mais si la dot se composait de corps certains, comme des fonds de terre, il n'a pas dû s'en dessaisir, il doit les rendre sans aucun délai.

§§ 9, 10. Si le divorce a été amené par la mauvaise conduite de la femme, ou par la faute de l'ascendant sous la puissance duquel elle se trouve, le mari a le droit de retenir un sixième par enfant sur la dot ; mais, quel que soit le nombre des enfants, il ne peut jamais retenir plus de trois sixièmes, et ces trois sixièmes il ne peut que les retenir, il ne pourrait pas les obtenir par voie d'action.

§ 11. L'interprétation la plus plausible du § 11 , quoiqu'elle ne présente rien de certain, c'est que la dot qui a été une fois soumise à une rétention ne peut y être soumise une seconde fois.

§§ 12, 13. Si la faute du mari est grave, et qu'il s'agisse d'une dot composée de quantités , par conséquent remboursable en trois ans , il perdra l'avantage de ce délai, c'est-à-dire les intérêts d'un an pour le premier tiers, de deux ans pour le second tiers, de trois ans pour le troisième. S'il s'agit d'une faute légère , il perdra les intérêts de six mois pour le premier tiers, d'un an pour le second, de dix-huit mois pour le troisième. Si, au contraire, la dot était remboursable immédiatement , c'est-à-dire composée de corps certains , il rendra sur les fruits une portion équivalente à celle dont il est privé dans les intérêts quand la dot consiste en espèces, en quantités.

§§ 14, 15, 16, 17. Le mari recouvrera toujours l'argent qu'il a employé en dépenses nécessaires ; il recouvrera aussi les dépenses utiles si elles ont été faites du consentement de la femme ; il ne lui sera jamais tenu compte des dépenses voluptuaires, voilà la troisième cause de rétention, celle *propter impensas*.

Tit. VII.

*Fragments d'*ULPIEN , *de Jure donationum inter virum et uxorem.*

1. Inter virum et uxorem donatio non valet, nisi certis ex causis, id est, mortis causa, divortii causa, servi manumittendi gratia. Hoc amplius principalibus constitutionibus concessum est mulieri in hoc donare viro suo, ut is ab imperatore lato clavo vel equo publico similive honore honoretur. — 2. Si maritus divortii causa res moverit, rerum quoque amotarum actione tenebitur.

Tit. VII.

*Fragments d'*ULPIEN *(Traduction), des Donations entre époux.*

§ 1. La donation entre époux n'est pas valable, si ce n'est cependant pour certaines causes; ainsi, pour cause de mort, de divorce ou d'affranchissement d'un esclave. De plus, les constitutions impériales ont accordé à la femme le droit de donner à son mari de l'argent, afin qu'il soit honoré par l'empereur du laticlave, d'un cheval public ou de tout autre présent.

§ 2. Si le mari a détourné quelque chose en vue du divorce, il sera tenu de l'action *rerum amotarum* (des choses détournées).

Tit. VII.

*Fragments d'*ULPIEN (*Commentaire*), *des Donations entre époux.*

§ 1. Les donations entre époux étaient interdites ; on avait craint qu'un des époux n'abusât de la tendresse de l'autre pour le dépouiller de ses biens ; voilà donc une quatrième cause de rétention : le mari pourra retenir sur la dot ce qu'il a donné. Du reste, un sénatus-consulte, rendu sous Septime-Sévère, établit que la donation entre époux serait valable, par cela seul que l'époux donateur ne l'aurait pas révoquée en mourant, et, même avant cette législation, les donations entre époux n'étaient défendues qu'autant qu'elles enrichissaient le donataire et appauvrissaient le donateur. Ainsi, dans les exemples du § 1, la femme donne au mari un esclave pour qu'il l'affranchisse, de l'argent pour l'aider à arriver aux honneurs ; il n'y a point de donation prohibée, car le mari affranchissant cet esclave et dépensant cet argent, il ne s'enrichit pas.

§ 2. Ulpien nous dit que si le mari a détourné une chose appartenant à son conjoint, en vue du divorce, il sera poursuivi par l'action *rerum amotarum*. Pourquoi ne donne-t-on pas contre lui l'action *furti?* Il y a bien là un vol. C'est par ménagement, à cause du lien qui unit les époux. Si la femme avait commis un détournement au préjudice de son mari, il avait un droit de rétention *propter res amotas* sur la dot. Ainsi donc cinq causes de rétention : *propter liberos, mores, impensas, res donatas* et *res amotas.*

————

Liv. XXIII, tit. III.

7. ULPIANUS, lib. XXXI, *ad Sabinum.*

Dotis fructum ad maritum pertinere debere, æquitas suggerit : cum enim ipse onera matrimonii subeat, æquum est, cum etiam fructus percipere. — § 1. Si fructus constante matrimonio percepti sint, dotis non erunt : si vero ante nuptias percepti fuerint, in dotem convertuntur, nisi forte aliquid inter maritum futurum, et destinatam uxorem convenit : tunc enim, quasi donatione facta fructus non redduntur. — § 2. Si ususfructus in dotem datus sit, videamus, utrum fructus reddendi sunt, necne ?

Et Celsus lib. 10 Digestorum ait, interesse quid acti sit : et nisi appareat aliud actum , putare se , jus ipsum in dote esse , non etiam fructus , qui percipiuntur. — § 3. Si res in dote dentur, puto in bonis mariti fieri , accessionemque temporis marito ex persona mulieris concedendam. Fiunt autem res mariti , si constante matrimonio in dotem dentur. Quid ergo, si ante matrimonium? Si quidem sic dedit mulier, *ut statim ejus fiant*, efficiuntur : enimvero si hac conditione dedit, *ut tunc efficiantur*, *cum nupserit*, sine dubio dicemus, tunc ejus fieri, cum nuptiæ fuerint secutæ : proinde si forte nuptiæ non sequantur nuncio remisso, si quidem sic dedit mulier, *ut statim viri res fiant*, condicere eas debebit misso nuncio : enimvero si sic dedit, *ut secutis nuptiis incipiant esse*, nuncio remisso , statim eas vendicabit , sed ante nuncium remissum si vindicabit, exceptio poterit nocere vindicanti, aut doli, aut in factum : doti enim destinata non debebunt vindicari.

Liv. XXIII, tit. III.

Loi 7 de Jure dotium. (*Traduction.*)

Ulpien, liv. xxxi, *sur Sabinus.*

Pr. L'équité dit que les fruits de la dot doivent appartenir au mari. Il supporte les charges du mariage, il est donc juste qu'il perçoive les fruits.

§ 1. Si des fruits sont perçus pendant le mariage, ils ne sont point dotaux ; ceux qui sont perçus avant le mariage sont dotaux, à moins que les deux époux n'aient fait une convention contraire, car alors le mari conserve ces fruits comme en vertu d'une donation.

§ 2. Si un usufruit a été constitué en dot, voyons si le mari doit ou ne doit pas rendre les fruits ? Celse, au livre x de son *Digeste*, nous dit que cela dépend de ce qui a été convenu, et qu'à moins qu'une intention contraire n'apparaisse, il pense que le mari devra rendre seulement le droit d'usufruit, et non les fruits perçus.

§ 3. Si des choses sont données en dot, elles passent dans les biens du mari, et il joint sa possession à celle de sa femme. Si des choses lui sont données en dot pendant le mariage, il en devient propriétaire ; mais que décider si c'est avant le mariage ?

Si la femme les lui donne avec l'intention de lui transférer immédiatement la propriété, elle est transférée à l'instant; mais si elle les lui donne avec la condition qu'il n'en deviendra propriétaire qu'à compter du mariage, sans aucun doute la propriété ne lui sera acquise qu'après que le mariage aura eu lieu. Si donc le mariage manque, un messager étant envoyé, et que la femme ait donné au mari avec l'intention de le rendre immédiatement propriétaire, elle aura la *condictio* après la renonciation (*misso nuntio*); si, au contraire, elle a donné avec l'intention de ne rendre le mari propriétaire que si le mariage avait lieu, elle aura, après la renonciation, la revendication. Mais si elle voulait agir par la revendication avant la renonciation, on pourrait la repousser par une exception soit de dol, soit *in factum*, car on ne peut pas revendiquer les choses destinées à la dot.

Liv. XXIII, tit. III.

Loi 7 de Jure dotium. (Commentaire.)

Ulpien, liv. **xxxi**, *sur Sabinus.*

Pr. La dot est précisément donnée au mari pour l'aider à soutenir les charges du mariage, il est donc juste qu'on lui en laisse les revenus.

§ 1. La dot est constituée pour aider le mari à soutenir les charges du mariage ; les fruits qu'il perçoit pendant le mariage doivent donc lui rester : ils n'entrent point dans la restitution qu'il fera de la dot à la dissolution du mariage. Au contraire, ceux perçus avant le mariage doivent être restitués, à moins d'une convention contraire, car jusqu'au mariage, le mari n'a aucunes charges.

§ 2. A moins d'une convention contraire, l'usufruit constitué en dot au mari lui procurera les mêmes avantages que la pleine propriété, puisqu'il conservera les fruits.

§ 3. Le paragraphe 3, en nous disant que le mari devenu propriétaire des choses qui lui sont données en dot joindra sa possession à celle de sa femme, signifie que si la femme lui donne des choses dont elle n'était pas propriétaire, mais qu'elle possédait, le mari joindra, pour arriver à l'usucapion, le temps pendant lequel la femme a possédé à la durée de sa propre possession à lui ; il arrivera ainsi plus promptement à l'usucapion.

Si la femme donne au mari, en vue du mariage, des biens dotaux avec l'intention de le rendre immédiatement propriétaire, la renonciation au mariage ayant lieu (*misso nuntio*), la femme qui s'est dépouil-

lée de la propriété n'a contre le mari qu'une action personnelle, une
condictio par laquelle elle dira au mari : Puisque le mariage n'a pas
lieu, vous êtes obligé à me retransférer la propriété de ces biens dotaux.
Si, au contraire, elle a entendu ne rendre le mari propriétaire qu'après
le mariage, le mariage manquant, elle n'a point cessé d'être propriétaire, par conséquent elle revendique ; seulement elle ne peut revendiquer qu'après qu'il y aura eu renonciation au mariage ; qu'il sera manqué ; autrement il y aurait dol de sa part, puisque ces biens n'ont point
perdu leur destination.

Liv. XXIII, tit. III.

8. Callistratus, lib. ii *Quæstionum.*

Sed nisi hoc evidenter actum fuerit, credendum est hoc agi,
ut statim res sponsi fiant : et nisi nuptiæ secutæ fuerint, reddantur.

Liv. XXIII, tit. III.

Loi 8 de Jure dotium. (Traduction.)

Callistrate, *Questions*, liv. ii.

Mais, à moins que la volonté contraire n'apparaisse d'une ma-
nière évidente, on doit croire que la femme a voulu rendre son
futur immédiatement propriétaire, à la condition qu'il rendrait
si le mariage n'avait pas lieu. — (C'est le complément du texte
précédent.)

Liv. XXIII, tit. III.

9. Ulpianus, lib. xxxi, *ad Sabinum.*

Si ego Seiæ res dedero, *ut ipsa suo nomine in dotem det,* effi-
cientur ejus, licet non in dotem sint datæ : sed condictione tenebitur. Quod si pro ea res ego dem, si quidem ante nuptias :
interest, qua conditione dedi, utrum, *ut statim fiant accipientis,*
an *secutis nuptiis :* si statim, nuncio misso condicam : sin vero

non statim , potero vindicare , quia meæ res sunt. Quare [et] si sequi nuptiæ non possunt propter matrimonii interdictionem, ex posteriore casu res meæ remanebunt. — § 1. Si res alicui tradidero, *ut nuptiis secutis dotis efficiantur*, et ante nuptias decessero : an, secutis nuptiis, dotis esse incipiant? Et vereor, ne non possint in dominio ejus effici, cui datæ sunt : quia post mortem incipiat dominium discedere ab eo, qui dedit : quia pendet donatio in diem nuptiarum : et cum sequitur conditio nuptiarum, jam heredis dominium est, a quo discedere rerum non posse dominium invito eo, fatendum est. Sed benignius est, favore dotium, necessitatem imponi heredi consentire ei, quod defunctus fecit : aut si distulerit, vel absit, etiam nolente, vel absente eo, dominium ad maritum ipso jure transferri : ne mulier maneat indotata. — § 2. *Dotis* autem *causa data*, accipere debemus ea, quæ in dotem dantur. — § 3. Cæterum si res dentur in ea, quæ Græci παράφερνα dicunt, quæque Galli *peculium* appellant, videamus, an statim efficiuntur mariti? Et putem, si sic dentur ut fiant, effici mariti : et cum distractum fuerit matrimonium , non vindicari oportet, sed condici, nec dotis actione peti, ut D. Marcus [et] imperator noster cum patre rescripserunt. Plane , si rerum libellus marito detur , ut Romæ volgo fieri videmus : nam mulier res , quas solet in usu habere in domo mariti , neque in dotem dat, in libellum solet conferre, eumque libellum marito offerre, ut is subscribat, quasi res acceperit : et velut chirographum ejus uxor retinet, res, quæ libello continentur, in domum ejus se intulisse : hæ igitur res an mariti fiant, videamus : et non puto : non quod non ei traduntur : quid enim interest, inferantur volente eo in domum ejus, an ei tradantur? Sed quia non puto hoc agi inter virum et uxorem, ut dominium ad eum transferatur, sed magis, ut certum sit in domum ejus illata , ne si quandoque separatio fiat , negetur : et plerunque custodiam earum maritus repromittit, nisi mulieri commissæ sint. Videbimus harum rerum nomine, si non reddantur, utrum rerum amotarum, an depositi, an mandati mulier agere possit? Et si custodia marito committitur, depositi, vel mandati agi poterit : si minus, agetur rerum amotarum, si animo amoventis maritus [eas] retineat : aut ad exhibendum, si non amovere eas connisus est.

Liv. XXIII, tit. III.

Loi 9 de Jure dotium. (Traduction.)

ULPIEN, liv. XXXI, *sur Sabinus.*

Pr. Si j'ai donné des choses à Séia, pour qu'elle se les constitue en dot, elle en devient propriétaire, quoiqu'elle ne les ait point constituées en dot ; mais j'ai contre elle la *condictio.* Si je donne pour elle au futur mari des choses en dot avant le mariage, il faudra distinguer à quelle condition j'ai donné, si j'ai voulu qu'elles devinssent immédiatement la propriété du mari, ou qu'il n'en devînt propriétaire qu'après le mariage. Dans le premier cas, un messager étant envoyé, j'aurai la *condictio;* dans le second, j'aurai la revendication, car ces choses n'ont pas cessé de m'appartenir ; et si le mariage n'a pas lieu par suite d'un empêchement légal, elles resteront ma propriété.

§ 1. Je livre certains biens à quelqu'un (au futur mari) pour qu'ils deviennent dotaux s'il se marie ; je meurs avant que le mariage ait eu lieu : si le mariage s'accomplit, ces biens entreront-ils dans la dot ? Je pense qu'ils ne peuvent pas devenir la propriété du mari, car autrement il faudrait admettre que celui qui les a donnés cesse d'être propriétaire après sa mort. En effet, la translation de propriété était suspendue jusqu'au mariage ; lorsqu'il a lieu, déjà la propriété est passée entre les mains de l'héritier du donateur, et il ne peut en être dépouillé malgré lui. Cependant il vaut mieux, en faveur de la dot, imposer à l'héritier la nécessité de consentir à la volonté du défunt ; ou, s'il refuse ou est absent, malgré son absence ou son opposition, transférer la propriété au mari, afin que la femme ne reste pas sans dot.

§ 2. On entend par choses données à cause de dot, celles qui sont constituées en dot.

§ 3. Mais si des choses sont données au mari pour constituer ce que les Grecs appellent des paraphernaux et les Gaulois un pécule, voyons si elles appartiendront au mari. Je pense que si elles ont été données pour devenir la propriété du mari, elles entrent dans ses biens, et lorsque le mariage est dissous on ne peut pas les revendiquer, mais on a la *condictio;* on ne peut pas non plus les obtenir par l'action de dot, comme le déclare un rescrit de Marc-Aurèle et un rescrit de notre empereur et de son père. Mais si une liste de ces choses est donnée au mari, comme cela se pratique fréquemment à Rome, doit-on dire aussi qu'elles deviennent la propriété du mari? (car la femme a coutume de faire une liste des objets dont elle conserve l'usage dans la maison du mari et qui ne font point partie de la dot; elle présente cette liste au mari, qui la signe comme ayant reçu ces objets, et elle la conserve comme une preuve attestant que les objets qu'elle contient ont été apportés par elle dans la maison). Eh bien, je ne pense pas que ces choses deviennent la propriété du mari, non pas parce qu'il n'y a point eu tradition (car qu'importe qu'il y ait eu tradition ou qu'elles soient apportées dans la maison du consentement du mari), mais parce que je crois que l'intention du mari et de la femme n'a point été que la propriété fût transférée, mais de bien constater que ces choses ont été apportées, afin que le mari ne puisse le nier si le mariage vient à se dissoudre. Le plus souvent le mari prend à sa charge la garde de ces objets, à moins cependant que la femme ne la conserve. Si le mari ne les restitue pas, est-ce l'action des choses détournées, ou l'action de dépôt, ou l'action de mandat qu'aura la femme? Si la garde est confiée au mari, elle pourra agir par l'action de dépôt ou de mandat; si, au contraire, il n'a point pris la garde à sa charge et qu'il retienne ces choses dans l'intention de les détourner, elle aura l'action des choses détournées (*rerum amotarum*); si le mari n'a point eu l'intention de les détourner, elle aura l'action *ad exhibendum*.

Liv. XXIII, tit. III.

Loi 9, *de Jure dotium. (Commentaire.)*

Ulpien, liv. xxxi, *sur Sabinus.*

Pr. Je donne certains biens à Séia, à la condition qu'elle se les constituera en dot, elle en devient propriétaire; seulement, si elle ne remplit pas son engagement, j'aurai la *condictio, ob causam datorum* (que nous avons étudiée avec les contrats innommés); car je lui ai donné ces choses pour un but qu'elle n'a pas rempli. Si, au contraire, je constitue une dot au futur mari pour la femme, avant le mariage, au lieu de la charger de se la constituer à elle-même, si le mariage manque, j'aurai la *condictio* ou la revendication contre le mari, suivant les distinctions indiquées tout à l'heure au § 3 de la loi 7. — Notre texte nous parle d'un empêchement légal : ce sera, par exemple, si le futur mari est président de la province habitée par sa fiancée ; car il était interdit aux présidents de province d'épouser des femmes de cette province, dans la crainte qu'en s'alliant ainsi aux familles du pays, leur influence ne devînt trop redoutable.

§ 1. Ulpien nous dit que, dans l'espèce, la propriété ne sera pas transférée au mari malgré la volonté de l'héritier du donateur, de celui qui a constitué les biens en dot ; en effet, le défunt n'a pu transmettre à son héritier l'obligation de rendre le mari propriétaire, puisque lui-même était mort avant qu'elle fût née, c'est-à-dire avant le mariage. Mais la seconde partie de ce paragraphe (*sed benignius*, etc.) décide cependant dans le sens contraire ; aussi plusieurs commentateurs voient là une interpolation de Tribonien, le principal auteur des ouvrages accomplis sous Justinien. Le jurisconsulte Julien (*Loi 2, § 5, de Donationibus*, liv. XXXIX, t. V) est d'un avis contraire à Ulpien.

§ 2. Des choses peuvent être données au mari dans un autre but que la dot ; on entend par choses dotales, celles qui lui sont données pour l'aider à supporter les charges du ménage.

§ 3. Ce que les Grecs appellent paraphernaux, ce sont les biens de la femme qui n'entrent point dans la dot, qui n'en font pas partie (πχρὰ φερνή) ; le mari en deviendra ou non propriétaire, suivant l'intention de la femme ; et par conséquent, dit Ulpien, la femme aura contre le mari, pour les recouvrer à la dissolution du mariage, soit la revendication, soit la *condictio*, mais jamais l'action de dot, c'est-à-dire l'action *rei uxoriæ*, car elle ne s'applique qu'aux choses dotales, et Ulpien nous dit que telle est la décision d'un rescrit de Marc-Aurèle et d'un autre rescrit de Caracalla et de son père Septime-Sévère (*imperator noster cum patre*). Si la femme apporte dans la maison des objets dont elle dresse une liste qu'elle fait signer au mari, il n'y a point là présomption qu'elle entend lui en transférer la propriété, mais qu'elle veut simplement se ménager une preuve pour le cas où il nierait avoir reçu ces objets.

Liv. XXIII, tit. III.

10. ULPIANUS, lib. XXXIV, *ad Sabinum.*

Plerumque interest viri, res non esse æstimatas, idcirco, ne periculum rerum ad eum pertineat : maxime, si animalia in dotem acceperit, vel vestem qua mulier utitur; evenit enim, si æstimata sint, et ea mulier adtrivit, ut nihilominus maritus æstimatiom eorum præstet : quotiens igitur non æstimatæ res in dotem dantur, et meliores, et deteriores mulieri fiunt. — § 1. Si prædiis inæstimatis aliquid accessit, hoc ad compendium mulieris pertinet : si aliquid decessit, mulieris damnum est. — § 2. Si servi subolem ediderunt, mariti lucrum non est. — § 3. Sed fœtus dotalium pecorum ad maritum pertinent : quia fructibus computantur : sic tamen, ut suppleri proprietatem prius oporteat, et summissis in locum mortuorum capitum [ex] adgnatis, residuum in fructum maritus habeat : quia fructus dotis ad eum pertineat. — § 4. Si ante matrimonium æstimatæ res dotales sunt, hæc æstimatio quasi sub conditione est : namque hanc habet conditionem, *si matrimonium fuerit secutum :* secutis igitur nuptiis, æstimatio rerum perficitur, et fit vera venditio. — § 5. Inde quæri potest, si ante nuptias mancipia æstimata deperierint, an mulieris damnum sit ? Et hoc consequens est dicere : nam cum sit conditionalis venditio, pendente autem conditione mors contingens exstinguat venditionem, consequens est dicere, mulieri perisse : quia nondum erat impleta venditio : quia æstimatio venditio est. — § 6. Si res in dotem datæ fuerint, quamvis æstimatæ; verum convenerit, *ut aut æstimatio, aut res præstentur :* si quidem fuerit adjectum, *utrum mulier velit*, ipsa eliget, utrum malit petere rem, an æstimationem : verum si ita fuerit adjectum, utrum *maritus velit*, ipsius erit electio : aut si nihil de electione adjiciatur, electionem habebit maritus, utrum malit res offerre, an pretium earum. Nam et cum *illa aut illa res* promittitur, rei electio est, utram præstet. Sed si res non exstet, æstimationem omnimodo maritus præstabit.

Liv. XXIII, tit. III.

Loi 10, de Jure dotium. (Traduction.)

Ulpien, liv. xxxiv, *sur Sabinus.*

Pr. Presque toujours le mari a intérêt à ce que les choses qui lui sont constituées en dot ne soient point estimées, afin de ne point en supporter les risques, surtout si ce sont des animaux ou des vêtements dont se sert la femme ; car si ces habits ont été estimés et que la femme les ait usés, le mari n'en devra pas moins l'estimation. Toutes les fois, au contraire, que les choses dotales n'ont point été estimées, elles s'améliorent ou se détériorent pour le compte de la femme.

§ 1. Si des fonds dotaux non estimés éprouvent une augmentation, c'est la femme qui en profite ; s'ils éprouvent une diminution, elle la supporte.

§ 2. Si des esclaves dotaux produisent des enfants, ce n'est point le mari qui en profite.

§ 3. Au contraire, le croît des troupeaux qui font partie de la dot appartient au mari, car il est mis au nombre des fruits ; de telle façon cependant qu'il faudra entretenir la propriété du troupeau et remplacer les bêtes mortes par les nouvelles, mais le mari conservera le surplus, car il a droit aux fruits de la dot.

§ 4. Si avant le mariage les choses dotales ont été estimées, cette estimation est conditionnelle, elle est soumise à cette condition si le mariage a lieu ; si donc le mariage a lieu, l'estimation produit tous ses effets et devient une véritable vente.

§ 5. D'où l'on peut se demander : Si des esclaves estimés viennent à périr avant le mariage, périssent-ils pour la femme ? Et il est logique de répondre affirmativement, car, puisque la vente est conditionnelle, elle se trouve éteinte par la mort des esclaves arrivée pendant que la condition est en suspens ; il est donc logique de dire qu'ils périssent pour la femme parce que la vente n'était point encore accomplie : or estimation vaut vente.

§ 6. Des choses ont été constituées en dot avec estimation, mais il a été convenu que le mari rendrait ou l'estimation ou ces choses. Si l'on a ajouté : *au choix de la femme*, elle choisira ou la chose ou son estimation ; si, au contraire, on a ajouté : *au choix du mari*, il aura le choix ; si on n'a rien dit quant au choix, le mari pourra rendre à son gré ou le prix ou les choses, car, lorsqu'on promet une chose ou une autre, le choix est au débiteur ; mais, si la chose a péri, le mari est tenu de fournir l'estimation.

Liv. XXIII, tit. III.

Loi 10, *de Jure dotium.* (*Commentaire.*)

Ulpien, liv. **xxxiv,** *sur Sabinus.*

Pr. Estimation vaut vente ; le mari, s'il y a eu estimation des choses

constituées en dot, devient donc débiteur du prix fixé par cette estimation, et il le doit toujours, que la chose périsse ou non ; il a donc intérêt à ce que les choses dotales ne soient pas estimées, afin de ne pas
avoir les risques à sa charge.

§ 1. Le mari a droit aux fruits, mais le part des esclaves n'est point
un fruit, leur destination n'est pas de faire des enfants, et on entend
par fruits ce qu'une chose est destinée à produire.

§ 2. Les petits des animaux sont des fruits, car leur principale destination est d'en produire.

§§ 3, 4, 5, 6. Dans une vente conditionnelle, tant que la condition
n'est point accomplie, il n'y a rien de fait : or les esclaves dotaux qui ont
été estimés (c'est-à-dire vendus, puisque l'estimation produit les mêmes effets que la vente) périssent avant que la condition s'accomplisse, c'est-à-dire le mariage ; ils ne peuvent donc périr pour le compte
du mari.

Liv. XXIII, tit. III.

11. Paulus, lib. vii, *ad Sabinum.*

Sane et deteriorem factam reddere poterit.

Liv. XXIII, tit. III.

Loi 11, de Jure dotium. (Traduction.)

Paul, liv. vii, *sur Sabinus.*

Mais le mari peut rendre la chose, même si elle est détériorée.

Liv. XXIII, tit. III.

Loi 11, de Jure dotium. (Commentaire.)

Paul, liv. vii, *sur Sabinus.*

Quand la chose a subi une détérioration et que le mari a le choix de
rendre la chose ou son estimation, il conserve, malgré cette détérioration partielle, la faculté de rendre la chose et non son prix.

Liv. XXIII, tit. III.

12. Ulpianus, lib. xxxiv, *ad Sabinum.*

Si res æstimata, post contractum matrimonium, donationis

causa adprobetur, nulla est æstimatio : quia nec res distrahi donationis causa potest ; cum effectum inter virum et uxorem non
habeat : res igitur in dote remanebit. Sed si ante matrimonium,
magis est , ut in matrimonii tempus collata donatio videatur :
atque ideo non valet. — § 1. Si mulier se dicat circumventam minoris [rem] æstimasse, utputa servum : si quidem circum in hoc
venta est, quod servum dedit, non tantum in hoc. quod minoris
æstimavit ; in eo acturam , ut servus sibi restituetur : enimvero
si in æstimationis modo circumventa est, erit arbitrium mariti ,
utrum justam æstimationem, an potius servum præstet. Et hæc,
si servus vivit : quod si decessit, Marcellus ait, magis æstimationem præstandam : [sed] non justam , sed eam , quæ facta est :
quia boni consulere mulier debet, quod fuit æstimatus. Cæterum,
si simpliciter dedisset , procul dubio periculo ejus moreretur,
non mariti. Idemque et in minore circumventa Marcellus probat.
Plane si emptorem habuit mulier justi pretii , tunc dicendum,
justam æstimationem præstandam : idque duntaxat [uxori] mi-
nori annis præstandum Marcellus scribit. Scævola autem in marito notat , si dolus ejus adfuit , justam æstimationem præstandam : et puto verius quod Scævola ait. — § 2. Si cum marito
debitore mulier pacta sit, *ut id, quod debeat , in dotem habeat :*
dotis actione scilicet eam agere posse existimo : licet enim ipso
jure priore debito liberatus non sit, [sed] tamen exceptionem
habere potest.

Liv. XXIII, tit. III.

Loi 12, de Jure dotium. (Traduction.)

Ulpien, liv. xxxiv, *sur Sabinus.*

Pr. Une chose a été estimée après le mariage contracté, et il
est prouvé que c'est dans le but de faire une donation ; cette estimation sera nulle, parce qu'une chose ne peut être vendue dans
le but de faire une donation, puisque la donation entre mari et
femme est nulle ; cette chose restera donc dans la dot. Si l'estimation a eu lieu avant le mariage, je crois qu'il faut encore décider que la donation a été faite pour le temps du mariage, et
dire qu'elle est nulle.

§ 1. Une femme dit qu'elle s'est trompée, et qu'elle a estimé une chose au-dessous de sa valeur, par exemple, un esclave. Si elle s'est trompée, non pas seulement parce qu'elle l'a estimé trop peu, mais parce qu'elle l'a donné avec estimation, elle aura une action pour se le faire restituer ; si, au contraire, elle ne s'est trompée que quant au chiffre de l'estimation, le mari aura le choix de rendre l'esclave ou l'estimation faite à sa juste valeur. Tout cela si l'esclave est vivant ; mais, si l'esclave est mort, Marcellus dit que le mari doit payer l'estimation, non pas l'estimation à la juste valeur, mais celle qui a été faite, car la femme doit se féliciter qu'il y ait eu estimation, puisque, si cet esclave avait été simplement constitué en dot, il aurait péri pour elle et non pour son mari. Marcellus décide de même s'il s'agit d'une mineure qui a été lésée, à moins cependant qu'elle n'eût trouvé un acheteur prêt à payer la juste valeur de l'esclave ; dans ce cas le mari donnera la juste estimation. Marcellus ne le décide ainsi qu'en faveur de la femme mineure. Scévola fait observer que si le mari a commis un dol, il devra payer la juste estimation, et je crois qu'il a raison.

§ 2. Une femme est convenue avec son mari qu'il gardera en dot ce qu'il lui doit : je pense qu'elle peut agir par l'action de dot ; car, quoique le mari ne soit point libéré de plein droit de sa dette, cependant il a une exception.

Liv. XXIII, tit. III.

Loi 12, de Jure dotium. (Commentaire.)

Ulpien, liv. xxxiv, sur Sabinus.

Pr. Il s'agit, dans le Pr., d'une donation déguisée sous l'apparence d'un contrat onéreux d'une vente (puisque l'estimation produit les effets de la vente) : cette donation déguisée sera nulle, parce que les donations entre époux sont impossibles. Ainsi, on estime à cent pièces d'or une chose qui en vaut mille, la femme ferait donc au mari une donation de neuf cents pièces d'or ; cette donation est nulle.

§ 1. Ce paragraphe montre que si la femme est lésée par suite de l'estimation qui a eu lieu, le préjudice qu'elle souffre sera réparé. Ainsi elle souffre un préjudice de ce qu'un esclave a été livré avec estimation, parce qu'elle avait intérêt à le conserver, et non à recevoir à la place une somme d'argent ; par l'action *rei uxoriæ* elle obtiendra la restitution

de l'esclave lui-même. Ou bien elle est lésée parce que cet esclave a été
estimé au-dessous de sa valeur, le mari sera tenu de rendre l'esclave ou
d'en payer la juste valeur à son choix; cependant, si l'esclave est mort,
il ne payera que l'estimation qui a eu lieu, quoique inférieure à la véritable valeur : car la femme est encore bien heureuse qu'il y ait eu estimation ; sans cela, en effet, cet esclave, ce corps certain venant à périr, le
mari ne lui devait plus rien. Ulpien nous dit avec Scévola, que si le mari
a commis un dol afin que l'estimation se fît au-dessous de la valeur
réelle, il devra payer cette valeur réelle à la dissolution du mariage.

§ 2. Une femme était créancière de son mari ; elle convient avec lui
qu'elle ne se fera pas payer, qu'elle lui laisse à titre de dot le montant
de sa créance : cette créance n'est point éteinte par cette convention, ce
pacte (*ipso jure*, c'est-à-dire, sans le secours d'une exception), car ce
n'est point là un mode d'éteindre les obligations ; seulement, si la
femme poursuivait le mari, il la repousserait par une exception tirée du
pacte (*de non petendo*), elle se trouverait donc privée de ce qu'il lu_i
devait. Eh bien, à la dissolution du mariage, par l'action **de dot**, c'est-
à-dire *rei uxoriæ*, elle obtiendra la somme qui lui était due.

Liv. XXIII, tit. III.

43. Ulpianus, lib. iii *Disputationum.*

Licet soleat dos per acceptilationem constitui, tamen si ante
matrimonium acceptilatio fuerit interposita, nec nuptiæ secutæ,
Scævola ait, matrimonii causa acceptilationem interpositam non
secutis nuptiis nullam esse, atque ideo suo loco manere obligationem : quæ sententia vera est. — § 1. Quotiens autem extraneus accepto fert debitori dotis constituendæ causa, si quidem
nuptiæ insecutæ non fuerint, liberatio non sequetur, nisi forte
sic accepto tulit, ut velit mulieri in totum donatum : tunc enim
credendum est, *brevi manu* acceptum a muliere, et marito datum :
cæterum mulieri per liberam personam condictio adquiri non
potest. Plane secutis nuptiis, mulier soluto matrimonio dotis
exactionem habebit : nisi forte sic accepto tulit extraneus, ut
ipse, quoquomodo solutum fuerit matrimonium, condictionem
habeat : tunc enim non habebit mulier actionem. Secundum quæ
constituta dote per acceptilationem, et secutis nuptiis, is effectus
erit dotis exactioni, ut, si quidem pura sit obligatio, quæ accepto lata est, non ipsa jam restituenda sit, sed solvenda dos

5

secundum sua tempora. Sin vero obligatio in diem fuit, nec ante
solutum matrimonium dies obligationis præteriit, restauranda
est in diem pristinum obligatio ; et, si debitum cum satisdatione
fuerit, satisdatio renovanda est : similique modo et si conditionalis fuerit obligatio , quæ in dotem conversa est , et pendente
obligatione divortium fuerit secutum, verius , obligationem sub
eadem conditione restitui debere : sed si conditio exstiterit constante matrimonio , ex die divortii tempora exactionis nume-
rantur.

Liv. XXIII, tit. III.

Loi 43 de Jure dotium. (Traduction.)

Ulpien, liv. III, *Disputes.*

Pr. Quoique fréquemment la dot se constitue au moyen d'une
acceptilation, cependant si l'acceptilation a eu lieu avant le mariage, puis que le mariage ne s'accomplisse pas , Scævola dit
que l'acceptilation ainsi faite en vue du mariage est nulle et que
l'obligation continue à exister, et cette décision est exacte.

§ 1. Toutes les fois que c'est un étranger qui fait acceptilation
(au futur mari) à son débiteur, afin de constituer une dot, si le
mariage n'a pas lieu, le débiteur n'est pas libéré, à moins qu'il
n'ait fait cette acceptilation dans le but de faire une donation à
la femme, même sans qu'il y ait mariage (*in totum,* — dans tous
les cas) ; alors il faut se représenter la femme comme ayant reçu
de brève-main du créancier et donné au mari , car la *condictio*
ne peut être acquise à la femme par une personne libre. Si le
mariage a eu lieu , la femme aura certainement (*plane*), à sa dissolution, une action pour recouvrer sa dot, à moins que l'étranger n'ait fait acceptilation qu'à la condition que si le mariage
était dissous pour une cause quelconque, il aurait la *condictio ;*
dans ce cas, la femme n'aura pas d'action. D'après ces principes,
la dot étant constituée par acceptilation et le mariage ayant eu
lieu, voici quelles seront les conséquences de l'action exercée
par la femme pour recouvrer sa dot : s'il s'agit d'une obligation
pure et simple, il ne faut pas la rétablir, mais la dot devra être
payée aux délais ordinaires ; si l'obligation était à terme et que
le terme ne fût pas arrivé avant la dissolution du mariage , il

faut la rétablir avec son terme primitif, et si elle était garantie par un fidijusseur, il faudra renouveler la satisdation. S'il s'agissait d'une obligation conditionnelle et que le divorce ait eu lieu tandis que l'obligation est en suspens, il faut rétablir l'obligation avec sa condition ; mais si la condition arrive pendant le mariage, les termes de payement sont comptés du jour du divorce.

Liv. XXIII, tit. III.

Loi 43 de Jure dotium. (Commentaire.)

Ulpien, liv. III, *Disputes.*

Pr. L'acceptilation est un des modes reconnus par le droit civil d'éteindre les obligations (*Instit.*, liv. III, tit. 29, § 1). La dot peut se constituer par acceptilation ; ainsi la femme dit à son futur mari : Vous me devez telle somme, je la tiens pour reçue, cette acceptilation, faite en vue du mariage: est nulle si le mariage n'a pas lieu.

§ 1. Un étranger, un créancier du futur mari, voulant constituer une dot à la femme qu'il doit épouser, lui fait acceptilation de sa dette (*Institutes*, liv. III, t. 29, § 1) ; le mariage n'a pas lieu : cette remise qu'il lui a faite du montant de sa dette ne produira pas ses effets, il conservera son action contre le mari, car il ne lui avait fait remise, il ne l'avait libéré qu'en vue du mariage. Il conservera son action, à moins cependant qu'abstraction faite du mariage (*in totum*), il n'ait voulu faire une donation à la femme, car, dans ce cas, c'est la femme qui aura action contre le mari pour se faire payer le montant de cette créance, il faut, dit Ulpien, considérer alors la femme comme ayant reçu de brève main cet argent et l'ayant donné à son mari (c'est-à-dire comme si le mari avait payé cette somme à son créancier, que ce créancier l'eût donné à la femme, puis que la femme l'eût remise au mari). Il faut supposer que toutes ces opérations ont eu lieu, et c'est ce qu'Ulpien appelle fiction de brève main ; car autrement la femme acquerrait une action par ce créancier étranger, et ce serait contraire aux principes : nous n'acquérons d'action que par les personnes soumises à notre puissance et par nous-même. Si, au contraire, le mariage a eu lieu, Ulpien nous dit, en examinant les différentes modalités que pouvait avoir la créance éteinte, ce que la femme obtiendra par l'action *rei uxoriæ* à la dissolution du mariage.

Liv. XXIII, tit. III.

75. TRYPHONINUS, lib. VI *Disputationum.*

Quamvis in bonis mariti dos sit, mulieris tamen est : et merito placuit, ut si in dotem fundum inæstimatum dedit, cujus nomine duplæ stipulatione cautum habuit, isque marito evictus sit, statim eam ex stipulatione agere posse : porro cujus interest non esse evictum quod in dote fuit, quodque ipsa evictionem pati creditur ob id quod cum in dotem habere desiit, hujus etiam constante matrimonio, quamvis apud maritum dominium sit, emolumenti potestatem esse creditur, cujus etiam matrimonii onera maritus sustinet.

Liv. XXIII, tit. III.

Loi 75 de Jure dotium. (*Traduction.*)

TRYPHONINUS, liv. VI, *Disputes.*

Quoique la dot appartienne au mari, elle appartient également à la femme, et, si elle s'est constitué en dot un fonds sans estimation, pour lequel on lui avait fait la stipulation du double et que le mari en soit évincé, elle peut agir immédiatement en vertu de cette stipulation ; car, bien qu'elle eût intérêt à ce que le mari ne fût pas évincé, parce que ce fonds était dotal et qu'elle cesse par l'éviction de l'avoir en dot, elle est aussi considérée même pendant le mariage, et quoique le mari soit propriétaire de ce fonds, en avoir l'émolument, puisqu'il aide le mari à soutenir les charges du mariage.

Liv. XXIII, tit. III.

Loi 75 de Jure dotium. (*Commentaire.*)

TRYPHONINUS, liv. VI, *Disputes.*

Une femme, quand elle constitue une dot à son mari, lui en transfère la propriété ; mais ce n'est qu'une propriété incomplète, puisque le mari ne peut l'aliéner, et que, si le mariage est dissous, elle reprendra sa dot ; ou peut donc dire que les biens dotaux appartiennent tout à la fois au mari et à la femme. Eh bien, le jurisconsulte suppose qu'une femme a constitué en dot à son mari, sans estimation, un fonds qu'elle avait acheté ; son vendeur, suivant l'usage, lui avait fait la stipulation *duplæ*, c'est-à-dire lui avait promis le double du prix si elle venait à être évincée. Le mari est évincé ; immédiatement elle peut agir en vertu de cette stipulation du double, car elle a intérêt à agir contre son vendeur, puisque, si l'éviction a lieu, elle perd ainsi sa dot et n'a plus rien à réclamer du mari à la dissolution du mariage. D'ailleurs, ajoute Tryphoninus, elle a encore un autre intérêt à agir ; en effet, ce fonds dotal aide le mari à soutenir les charges du ménage, dont la prospérité ou la misère sont partagées par la femme.

Liv. XXIII, tit. III.

Tryphoninus, lib. xi *Disputationum.*

Cum in fundo mariti habens mulier usumfructum, dotis causa eum marito dedit, quamvis ab ea ususfructus decesserit, maritus tamen non usumfructum habet, sed suo fundo quasi dominus utitur, consecutus per dotem plenam fundi proprietatem, non separatam usufructu : nec est, quod non utendo maritus amittat. Divortio autem facto constituet in eodem fundo usumfructum mulieri. Quod si in matrimonio decesserit uxor, nihil emolumenti ob dotem habere videtur maritus : quia etsi uxorem eam non duxisset, fructuariæ morte finitus ususfructus ad proprietatem rediret : ideoque nec in funus confert mulieris. — § 1. Plane si pater filiæ nomine, qui in fundo generi usumfructum habebit, dotis constituendæ gratia eum dederit, et in matrimonio mortua fuerit : habebit ex sua persona ususfructus petitionem. — § 2. Quod si mulier in fundo suo marito usumfructum dotis causa constituerit, tunc ex mariti persona erit ususfructus proprie : qui et non utendo ipsius pereat. Quod si acciderit, videamus, an etiam nunc dotata sit mulier ? Et, si quidem dominium apud mulierem est fundi, ad quem reversus est ususfructus, nihil jam in dote habet, quod actione dotis consequatur ab eo, cui quod non utendo amisit usumfructum imputari non potest, ex quo ipsa lucrum habet : ideoque indotata erit. Quod si alienaverit uxor proprietatem, quæ sine ullo mulieris emolumento plenior facta est, adhuc dotata est : quia dotis actione teneri debet maritus, qui, quando licuit usufructu uti,

amisit eum non utendo, nam , si habere perseverasset usumfructum ad divortium, commodo mulieris cederet ejus restitutio :
quia etsi non protinus ad ipsam transiret, tamen vel [sic] pretio,
vel beneficio, sine incommodo mulieris, ad proprietatem rever-
tetur : si autem usumfructum maritus non amiserit, morte mulieris non finitur ususfructus apud maritum. Divortio autem
facto, primo videamus et in hac, et in superiore specie, an pro
rata temporis ejus anni dividantur fructus? Quod probandum
est : ipsius autem restitutio ita fiet, ut habenti mulieri fundum
usufructus cedatur, et ita cum proprietate consolidetur. Sed etsi
non sit fundi domina, nihilominus competit dotis actio, *ut di-
mittat a se maritus usumfructum* : nam vel ex empto actione
adhuc, *ut usumfructum præstet*, mulier tenetur , aut pretium
ejus consequi sperat, aut cuivis magis gratiam præstare, quam
relinquere apud inimicum jus ad se translatum, licere ei civile
est. — § 3. Uxor viro usumfructum dotis nomine dedit : manente matrimonio eidem fundum vendidit : quæsitum est, divortio facto, quid dotis judicio reciperare debeat? Dixi referre ,
quanti fundus venisset : nam si nudæ proprietatis æstimatio
facta fuisset, mulier dotis judicio pretium ususfructus reciperare
debet. Quid ergo est, si vir ante litem contestatam mortuus
fuisset? heredes ejus nihil præstituros : nam etsi quilibet alius
emptor proprietatis extitisset , heres viri nihil mulieri præstaret,
scilicet usufructu reverso ad proprietatem : cæterum si fundus
totus venisset, quanti debet venire (non) detracto usufructu in-
tellegi mulierem dotem, manente matrimonio, recepisse.

Liv. XXIII, tit. III.

Loi 78 de Jure dotium. (Traduction).

TRYPHONINUS, liv. XI, § 1, 2, 3, *Disputes.*

Pr. Lorsqu'une femme, ayant un droit d'usufruit sur un
fonds qui appartient à son mari, le lui a constitué en dot, quoique l'usufruit se soit séparé d'elle, le mari n'est point usufruitier ; il se sert de son fonds en qualité de propriétaire, puisqu'il
en a acquis par la constitution de dot la pleine propriété , et
il ne peut rien perdre par le non-usage. Le divorce survenant, il
constituera un usufruit à la femme sur ce même fonds. Si la

femme meurt pendant le mariage, le mari ne doit point être considéré comme ayant tiré quelque émolument de la dot, parce que, même à défaut de mariage, par la mort de l'usufruitière l'usufruit éteint serait venu se réunir à la nue propriété ; le mari ne contribuera donc pas aux frais des funérailles de la femme.

§ 1. Si un père qui a l'usufruit d'un fonds appartenant à son gendre le lui donne pour constituer une dot a sa fille, et qu'elle meure pendant le mariage, il aura en son propre nom la répétition de l'usufruit.

§ 2. Si la femme constitue sur son propre fonds un droit d'usufruit, à titre de dot, à son mari, il a ainsi un usufruit proprement dit, qu'il perd par le non-usage ; si cela arrive, peut-on dire que la femme a encore une dot? Si la femme a conservé la propriété du fonds auquel s'est réuni l'usufruit, elle n'a plus rien en dot, elle ne peut plus par l'action de dot rien obtenir du mari, car elle ne peut lui reprocher d'avoir perdu l'usufruit par le non-usage, puisqu'elle en profite : elle est donc désormais sans dot. Si, au contraire, elle a aliéné la propriété du fonds, comme elle s'est complétée sans profit pour elle, elle reste encore dotée ; elle doit avoir contre le mari l'action de dot, puisque, pouvant conserver l'usufruit, il l'a perdu par le non-usage. Si en effet il avait conservé l'usufruit jusqu'au divorce, la restitution qu'il en ferait profiterait à la femme, et, quoique ne lui arrivant pas directement, cependant ce n'est pas sans utilité pour elle, soit par le prix qu'il lui procurerait, soit par la satisfaction de faire une libéralité, que cet usufruit se réunirait à la nue propriété.

Si, au contraire, le mari n'a point laissé l'usufruit s'éteindre, il le conserve à la mort de la femme.

Si le divorce a lieu, voyons d'abord, dans cette hypothèse et dans la précédente, si les fruits seront partagés au prorata de l'année entre le mari et le nouvel usufruitier : c'est là mon opinion. Quant au droit d'usufruit lui-même, si la femme a conservé la nue propriété, il devra lui être cédé, et se réunira ainsi à la nue propriété. Si elle a cessé d'être propriétaire du fonds, elle aura cependant l'action de dot pour obliger le mari à se dépouiller de l'usufruit ; car elle peut être tenue par l'action *ex empto* de fournir l'usufruit à l'acheteur, ou elle peut espérer le prix de cet usufruit, ou enfin il lui est permis d'aimer mieux en faire profiter le premier venu que de laisser à son ennemi le droit qu'elle lui avait constitué en dot

§ 3. Une femme a constitué un usufruit en dot à son mari, sur un fonds ; pendant le mariage elle lui vend ce fonds : le divorce survenant, on se demande ce qu'elle doit obtenir par l'action de dot. J'ai dit qu'il importe de savoir pour quel prix le fonds a été vendu ; car, si l'on n'a tenu compte que de la valeur de la nue propriété, la femme doit recouvrer la valeur de l'usufruit. Mais que décider si le mari meurt avant la *litis contestatio ?* Ses héritiers ne seront tenus de rien, car, lors même que l'acheteur de ce fonds serait tout autre que le mari, ses héritiers n'auraient rien à fournir, puisque l'usufruit serait réuni à la nue propriété. Si, au contraire, le fonds a été vendu pour sa valeur totale, sans en déduire l'usufruit, la femme est censée avoir recouvré sa dot pendant le mariage, et il ne lui est rien dû.

Liv. XXIII, tit. III.

Loi 78 *de Jure dotium,* § 1, 2, 3. *(Commentaire.)*

Tryphoninus, liv. xi, *Disputes.*

§ 1. La femme ou son père ont un droit d'usufruit sur un fonds qui appartient au mari, ils lui constituent, à titre de dot, cet usufruit. Le mari devient plein propriétaire de ce fonds, puisqu'il en avait déjà la nue propriété ; seulement, si le divorce ou la mort de la femme surviennent, le père ou la femme, par l'action *rei uxoriæ*, obligeront le mari à leur reconstituer cet usufruit, qui ne lui avait été donné qu'en vue du mariage.

§ 2. Une femme constitue en dot à son mari l'usufruit d'un de ses fonds ; c'est là un usufruit proprement dit, que le mari peut perdre par le non-usage, comme tout autre usufruit : s'il le perd, peut-on dire que la femme est *indotata*, qu'elle n'a plus de dot ? Oui, si elle a conservé la nue-propriété de ce fonds, car, l'usufruit venant s'y joindre par suite du non-usage du mari, elle se trouve avoir la propriété complète : le mari n'a plus rien en dot, plus rien à elle, et elle serait mal venue d'aller intenter l'action *rei uxoriæ* contre lui, car c'est précisément à elle qu'a profité le non-usage, c'est-à-dire la perte de l'usufruit. Mais il en sera autrement si elle a aliéné la propriété de ce fonds ; en effet, quoiqu'en pareil cas la réunion de l'usufruit à la nue propriété ne lui profite pas directement, elle pouvait avoir intérêt à ce que le mari conservât cet usufruit jusqu'au divorce, et ne le laissât pas s'éteindre par le non-usage. Ainsi (c'est ce que développe la fin de ce paragraphe) elle a pu promettre à l'acheteur de la nue propriété de lui faire avoir l'usufruit moyennant sa valeur ; ou, sans qu'il y ait eu d'engagement à cet égard, elle peut espérer de lui une somme d'argent si elle lui procure cet usufruit ; ou enfin, à défaut d'avantage pécuniaire, elle aurait eu (*beneficio*) la satisfaction de forcer le mari , par l'action *rei uxoriæ*, à céder l'usufruit à l'acheteur : elle aurait ainsi fait une libéralité et dépouillé le mari, devenu son ennemi ; elle n'est donc pas en pareil cas *indotata* ; elle conserve contre le mari l'action *rei uxoriæ*, pour lui demander compte du tort qu'il lui a causé en laissant s'éteindre l'usufruit par le non-usage.

Si la femme meurt, il va sans dire que l'usufruit reste au mari , puisqu'à la mort de la femme la règle est que le mari conserve la dot, et qu'ici la dot, c'est précisément l'usufruit ; mais que décider si le mariage est dissous par le divorce ? Le jurisconsulte , avant de répondre à cette question, fixe la répartition des fruits : ils seront partagés proportionnellement à la durée du mariage pendant la dernière année. Ainsi le divorce a eu lieu à la fin du sixième mois de la dernière année : le mari aura les six douzièmes des fruits , c'est-à-dire la moitié. Quant à la restitution du droit d'usufruit lui-même, elle devra être faite à la femme, soit qu'elle ait conservé la propriété du fonds, et alors elle en aura la pleine propriété, soit qu'elle l'ait aliéné : même dans ce cas elle pourra, par l'action *rei uxoriæ*, exiger que le mari en fasse la cession, *cessio in jure*, à l'acheteur. Nous venons de voir plus haut qu'elle peut y trouver différents avantages.

§ 3. Une femme a constitué en dot à son mari l'usufruit d'un fonds à elle appartenant ; pendant le mariage elle lui vend ce fonds : à la dissolution du mariage, qu'obtiendra-t-elle par l'action *rei uxoriæ* ? Eh bien , cela dépend : si dans la vente qu'elle a faite à son mari on a estimé la valeur de la pleine propriété du fonds, si elle a reçu le prix total de cette pleine propriété, elle a reçu sa dot pendant le mariage : à sa dissolution le mari ne lui doit plus rien ; si, au contraire, elle n'a vendu au mari que la nue propriété du fonds et n'a reçu que le prix de cette nue propriété, elle recouvrera par l'action de dot, *rei uxoriæ,* la valeur de l'usufruit. Le jurisconsulte se demande aussi ce qui arrivera si le mari meurt avant le procès en restitution de dot, la *litis contestatio ;* en pareil cas ses héritiers seront libérés, car l'usufruit est éteint. Mais, s'il y a eu *litis contestatio* avant sa mort, c'est-à-dire si l'instance est commencée, si la formule d'action a été délivrée par le magistrat, les héritiers continuent à être tenus, car un des résultats singuliers de la *litis contestatio,* c'est précisément de perpétuer l'obligation. (M. Ortolan, t. II, p. 520.)

LOIS COMPRISES DANS L'EXAMEN.